In der Reihe Terra X sind außerdem als Heyne-Taschenbuch erschienen:

Rätsel alter Weltkulturen I • *Band 19/53*
Rätsel alter Weltkulturen II • *Band 19/54*
Eldorado • *Band 19/55*
Bilder alter Weltkulturen • *Band 19/206*
Mumien, Magier, Meuterer • *Band 19/375*

Gottfried Kirchner

Terra X
Expeditionen
ins Unbekannte

Vulkane, Wüsten und Ruinen

WILHELM HEYNE VERLAG
MÜNCHEN

HEYNE SACHBUCH
Nr. 19/392

Dieser Titel beruht auf der Hardcover-Ausgabe *Mumien, Magier, Meuterer*, erschienen in der Keyserschen Verlagsbuchhandlung, und wurde für die Taschenbuchausgabe in zwei Bände aufgeteilt. Der erste Band *Mumien, Magier, Meuterer* ist im Heyne Sachbuch-programm unter der Bandnummer 19/375 lieferbar.

Taschenbuchausgabe im Wilhelm Heyne Verlag
GmbH & Co. KG, München
Copyright © 1993 by Keysersche Verlagsbuchhandlung GmbH,
München
Printed in Germany 1995
Lektorat: Georg Steinbichler
Übersetzung des Beitrages *Rom in der Wüste Gobi* aus dem Eng-
lischen: Hildegard Rudolph
Umschlagillustration: Klaus Thermann
Umschlaggestaltung: Atelier Adolf Bachmann, Reischach
Herstellung: Andrea Cobré
Satz: ew print & medien service gmbh, Würzburg
Druck und Verarbeitung: RMO, München

ISBN 3-453-09132-9

Inhalt

*Die Rote Mauer –
Ruinen einer römischen
Stadt in China.*

David Harris / Peter Welch

Rom in der Wüste Gobi

Eine archäologische Sensation

Ein historisches Puzzle-Spiel

Wie beginnt man die Suche nach einer römischen Stadt in China? Du folgst den Spuren. Rätselhafte zweitausend Jahre alte Bruchstücke aus der Geschichte des Han-Kaisers Yuan. Der Name, *Li-jien*, Rom, ist einer von nur drei fremden Namen unter den insgesamt 1587 Eintragungen im Städteverzeichnis des Kaiserreiches für das Jahr 5 n.Ch. Schon die Aussprache des Namens, *Li-ksi-en,* weist auf seinen westlichen Ursprung hin. Es gab also in China ein Rom. Aber wo, was geschah mit ihm, warum wurde es erbaut, und wie gelangten seine Schöpfer dorthin, 8000 Kilometer von zu Hause entfernt?

All dies waren sicherlich Fragen, die selbst für die größten Skeptiker eine Herausforderung darstellten. Es war eine Detektivgeschichte großen Ausmaßes. Warum hatte sich niemand die Mühe gemacht, nach diesem archäologischen Schatz zu suchen? Vielleicht glaubte man es einfach nicht. In Mexiko suchen wir nach Stätten der Azteken, in Peru nach Ruinen der Inkas, aber in China nicht nach römischen Städten. Für die traditionellen Wissenschaftler klang alles zu phantastisch. Manch guter Ruf war schon durch die Behauptung weitaus wahrscheinlicherer Möglichkeiten ruiniert worden.

Zeitgenössische konservative Chinesen hätten einen westlichen Einfluß in der Geschichte des Reiches der Mitte nicht zugegeben. Außerdem gab es genügend eigene Orte auszugraben. Und das chinesische Festland hatte sich fast fünfzig Jahre lang dem Westen gegenüber verschlossen.

Der Hauptgrund für das fehlende Interesse an Li-jien in Kreisen westlicher Archäologen lag aber wohl darin, daß sie einfach nichts davon wußten. Oder suchten sie lediglich am falschen Ort, wie es C. W. Ceram im Vorwort der ersten Ausgabe von *Götter, Gräber und Gelehrte* andeutete?

Sämtliche Spuren waren da. Drei Forscher hatten sie unabhängig voneinander in jahrelanger Arbeit sorgfältig zusammengetragen. In Oxford untersuchte Homer Hasenpflug Dubs, Professor für Chinesisch, und an der Universität Leiden, Professor Jan Julius Lodewijk Duyvendak die Geschichte der Han-Dynastie. Beide kamen getrennt voneinander zu übereinstimmenden Theorien über die Herkunft der Römer, die Li-jien erbauten, und über die Frage, warum sie 1300 Jahre vor Marco Polo in China waren.

Nichtsahnend von der Arbeit der beiden Europäer und mit stark begrenzten Mitteln – viele Spuren der chinesischen Geschichte sind durch den Krieg zerstört und vom Westen geplündert worden – grübelte Guan Ih-Chuan, Professor für Geschichte an der Nationalakademie für Minderheiten im Nordwesten in der Provinz Gansu, China, darüber nach, wo Li-jien dort am Rande der Wüste Gobi, im Schatten des Qilian-Gebirges gelegen haben könnte.

Aber ein vierter Mann, ein australischer Schriftsteller, Historiker und Lehrer, David Harris, sollte die Fäden der Theorien und Träume der drei Gelehrten miteinander verknüpfen und die Suche nach Li-jien beginnen, die zu einem so besessenen Unternehmen wie im Mittelalter die Suche eines Ritters nach dem Heiligen Gral werden sollte.

Ein beiläufiger Hinweis auf eine Textstelle im 3. Buch der Oden des römischen Dichters Horaz, gegeben während eines Sommerseminars an der Universität Neu-England in Neusüdwales, sollte David Harris' Leben für immer verändern. Durch einen jener seltsamen Zufälle, die immer wieder beweisen, daß die Wirklichkeit viel aufregender ist als erfundene Geschichten und in keinem Roman Platz finden würde, war Davids Dozent in jenem Sommer Alan Treloar, ein pensionierter Philologe von der Universität Oxford,

Bei der Belagerung einer Stadt wandte das römische Militär eine besondere Taktik an: den Testudo (»Schildkröte«) genannten Schutz der Angreifer durch eng aneinander gelegte Schilde, die seitlich und über den Kopf gehalten wurden.

dessen Professor der verstorbene Homer Hasenpflug Dubs gewesen war, einer der drei akademischen Detektive, die Li-jien suchten.

Alan Treloar bemerkte so nebenbei, Horaz bedauere die Tatsache, daß einige der Römer, die in den grausamen Kriegen im ersten Jahrhundert v. Chr. von den Parthern gefangengenommen wurden, barbarische Frauen heirateten. David wollte mehr wissen. Alan wies ihn auf die Forschungsarbeit seines ehemaligen Professors hin, und David wurde noch neugieriger.

Zu dem Zeitpunkt mußte Alan in David jenen Funken entdeckt haben, der die Schliemanns, die Spekes und andere Mitglieder jener winzigen Gruppe von Abenteurern und Hobby-Archäologen, die ausziehen und nach verlorenen Städten oder Quellen großer Flüsse suchen, von uns übrigen Menschen unterscheidet.

Damals nahm Treloar Harris mit zu sich nach Hause, zeigte ihm seine umfangreiche Bibliothek und übergab ihm sämtliche Unterlagen, die Dubs in all den Jahren, in denen er nach Li-jien suchte, zusammengetragen und Treloar hinterlassen hatte.

Dubs hatte seine Entdeckungen unter dem Titel *A Roman City in China* veröffentlicht und 1955 der Chinesischen Gesellschaft in London vorgestellt. Nichts geschah. Damals wie heute meinten viele: » Das ist ein Scherz, der Professor muß verrückt gewesen sein.«

Auch im Hintergrund dieser Zweikampfszene ist die Testudo dargestellt. Hier bilden Hunderte von knienden Soldaten aus ihren Schilden ein solides Schutzdach, auf dem sich sogar Streitwagen und Reiter bewegen.

Harris tat das nicht. Er verkaufte sein Auto und sein Haus und begann anhand von Dubs' Unterlagen intensive Nachforschungen, die mehrere Monate lange dauerten. Die Theorie von Dubs und Duyvendak basierte auf der Annahme, daß die Erbauer von Li-jien jene Soldaten waren, die von den Legionen des Crassus nach der Schlacht von Carrhae im Jahre 53 v.Chr. übriggeblieben waren und die die Parther gefangengenommen hatten.

Aber Carrhae liegt an der türkisch-syrischen Grenze, viele tausend Kilometer von China entfernt. Die erste Frage: Warum sollten die Parther ihre Gefangenen so weit fortgeschafft haben? Antwort: In Carrhae wurden 10 000 römische Legionäre gefangengenommen, aber es gab 53 v.Chr. keine Lager für Kriegsgefangene. Der Beweis? Der Hinweis in den Aufzeichnungen des römischen Historikers Plinius stütze sich auf Plutarchs Bericht über die Schlacht von Carrhae, nach dem die römischen Gefangenen von den siegreichen Parthern nach *Margiana* geschickt wurden, das auf Landkarten des heutigen Usbekistan als *Merv* oder *Mary* erscheint. Dort sollten sie die Ostgrenze des Partherreiches gegen die Hunnen verteidigen.

»Sehen Sie sich die Schlachtordnung und Kriegsführung der Römer genau an«, riet Alan Treloar seinem Schüler David, »sie änderten sie nie, ganz gleich, wohin die Römer gingen.« Wenn sie also, wie Dubs glaubte, China tatsächlich erreichten und dort Li-jien erbauten, dann würde die Art, wie sie ihre Festungen errichteten, in ihren Schlachten kämpften, ihre Siege feierten und ihre Götter anbeteten, Dubs' Aufzeichnungen bestätigen. Denn wer hätte das besser tun können als die Römer selbst.

Um seinem Ratschlag besonderen Nachdruck zu verleihen und als Abschiedsgeste, gab Treloar, der höfliche pensionierte Oberstleutnant und Philologe, David Harris eine praktische Vorführung in römischem Schwertkampf. Die

Idee, in den Ruinen und Relikten des antiken Rom (in Italien) nach einer Verbindung mit einer Stadt namens Rom in China zu suchen, war voll Ironie. Führende Experten in römischer Kriegskunst waren über David Harris' Nachforschungen verblüfft und öffneten ihm bereitwillig ihre Museen und Archive. Sie wiesen ihn auf wiederkehrende Themen an Säulen und Bögen und auf Rekonstruktionen der Kampftaktiken hin, wie das Verketten der Schilde zu einer *Testudo,* einer »Schildkröte«, und die Entdeckung eines Gemäldes, das fast identisch war mit denen, die auf den Triumphzügen mitgeführt wurden und die militärischen Höhepunkte der siegreichen Schlacht zeigten. Das gab es nur bei den Römern.

Bildnis des Marcus Licinius Crassus (115 – 53 v. Chr.), augusteische Kopie; Paris, Louvre MA 1220.

Sie stimmten darin überein, daß römische Gefangene von den Parthern bis nach Merv gebracht worden waren, aber sie waren skeptisch. Wo war der Beweis, daß man sie weiter nach Osten geschafft hatte, und wenn die Römer in China eine Stadt erbaut hatten, wie waren sie dorthin gelangt, und warum war Dubs überzeugt, daß es sich um Veteranen der geschlagenen Legionen des Crassus handelte?

David Harris zeigte ihnen Dubs' Übersetzungen der Aufzeichnungen des Pan Ku, des offiziellen Geschichtsschreibers des Han-Kaisers Yuan. Am Neujahrstag des Jahres 35 v.Chr. veranstaltete der Kaiser ein Fest, um den Sieg über Chinas alten Feind, die Hunnen, zu feiern. Während des Festes wurde ein Gemälde zu den Adligen und Höflingen hineingetragen. Beim Entrollen der Seidentücher wurden Rufe der Bewunderung laut. In mehreren Szenen war der chinesische Angriff auf die Stadt des Hunnenkaisers Jzh-Jzh dargestellt, aber anders gemalt, als in der chinesischen Kunst üblich. Das Gemälde war so sensationell, daß es »sogar den verehrten Damen des kaiserlichen Harems« gezeigt wurde.

Als Pan Ku den Bericht über die Schlacht schrieb, hatte er das Gemälde und den Feldbericht von Ch'en T'ang, der

Carrhae heißt heute Harran. Die arabische Zitadelle aus dem Mittelalter soll an der Stelle erbaut worden sein, wo schon um 1900 v. Chr. ein Tempel des Mondgottes Sin stand.

die ungewöhnlich barbarischen Gefangenen verhörte, neben sich liegen. Aus ihnen könnte er erfahren haben, daß einigen der Legionäre, haßerfüllt über ihre Unterwerfung unter die Parther, die kühne Flucht aus Margiana gelang und sie 800 Kilometer weiter nach Osten zogen, um sich dem Kaiser Jzh-Jzh anzuschließen. Sie konnten nicht nach Hause zurückkehren, da sie ihr Bürgerrecht verloren hatten, und es gab nichts Schlimmeres, als an einem Grenzposten der Parther zu verkommen.

Aber wie konnten die Chinesen von der römischen Kriegskunst erfahren haben? Wir wissen, daß Crassus' Armee teilweise aus ehemaligen Soldaten des Pompejus bestand. Sie waren 60 v.Chr., genau sieben Jahre vor Carrhae, in Pompejus' Triumphzug durch Rom mitmarschiert. Noch erstaunlicher als die chinesische Malerei selbst waren die genauen Einzelheiten auf zwei der acht Szenen. Die erste zeigte das Tor der Hunnenstadt, das von »mehr als hundert Fußsoldaten, die zu beiden Seiten des Tores wie Fischschuppen aufgereiht waren«, verteidigt wurde. Noch nie hatten die Chinesen Schilde gesehen, die in dieser Weise miteinander verkettet waren. Die Hunnen stürzten sich in einer wilden Horde in die Schlacht. Die Chinesen schützten ihre Bogenschützen mit großen Schilden. Aber niemand in jenem Teil der Welt verband seine Schilde miteinander.

Auf der Suche nach den richtigen Worten zur Beschreibung dieser Formation fiel dem chinesischen Befehlshaber Ch'en T'ang das Bild von Fischschuppen ein. Eine neuere Untersuchung der Literatur aus der Han-Zeit und der Epoche davor stellte fest, daß das Wort »Fischschuppe« als militärischer Ausdruck nur im Kriegstagebuch des Ch'en T'ang benutzt wurde, als er den Sieg über die Hunnen beschrieb. In einer dritten Szene des Gemäldes sind die Verteidigungsreihen der Hunnen dargestellt, wie sie Ch'en T'ang von seinem Kommandoposten aus sah. Er schreibt: »Außerhalb des

Erdwalls stand eine doppelte Holzpalisade.« Die heutigen römischen Militärexperten stimmten begeistert zu, die doppelte Palisade war ein Standardmuster römischer Festungsanlagen. Weder die Hunnen noch die Chinesen benutzten sie.

Nach seinem Sieg über Jzh-Jzh ließ Ch'en T'ang 1518 Gefangene hinrichten, aber er verschonte die 145 fremdländischen Söldner, weil er von ihren kämpferischen Fähigkeiten so stark beeindruckt war. Sie durften sich in der Nähe der Seidenstraße in der Provinz Gansu unter der Bedingung niederlassen, daß sie eine befestigte Stadt bauten, um eine Lücke in der Großen Mauer gegen ihre früheren Herren, die Hunnen, zu bewachen.

Ein weiterer Beweis dafür, daß in Li-jien Römer lebten, ist das Städteverzeichnis aus dem Jahre 9 n.Chr. Der Usurpator Wang Mang, ein Anhänger der konfuzianischen Doktrin des *jeng-ming,* der »Änderung von Namen«, befahl, alle Orte nach ihrem tatsächlichen Ursprung zu benennen. Li-jien hießt eine Zeitlang *Jieh-lu,* was bedeutet: »Gefangene, die bei der Eroberung einer Stadt im Sturm gemacht wurden«.

Schließlich hatte Dubs noch darauf hingewiesen, daß Carrhae die einzige bedeutende Schlacht jener Zeit zwischen den Römern und den Parthern war, die die Römer verloren hatten und in der so viele Gefangene gemacht wurden, daß sie den Marsch durch feindliches Gebiet überleben konnten. Für Crassus war das natürlich kein Triumph. Er trug die Schuld an einer der größten militärischen Niederlagen in der römischen Geschichte. Zur Erinnerung an die Schlacht wurden drei Münzen geprägt, eine in Gold, eine in Bronze und eine in Silber. Warum, so fragte sich David Harris, als er die Münzen betrachtete und die Rekonstruktion der Schlacht begutachtete, hatte Crassus überhaupt gekämpft?

In Carrhae/Harran. Vorbei an den Ruinen der mittelalterlichen Moschee mit dem hoch aufragenden Minarett reicht der Blick weit in die trockene türkisch-syrische Grenzebene, Schauplatz der blutigen Schlacht zwischen Römern und Parthern.

Sicherlich nicht um Macht oder Reichtümer. Er war einer der einflußreichsten Männer in Rom, gemeinsam mit Caesar und Pompejus Mitglied des Ersten Triumvirats und einer der wohlhabendsten Männer im Staat. Er hatte sich mit den Worten gerühmt: »Kein Mann ist reich, wenn er nicht eine Armee unterhalten kann.«

»Das war ein Teil des Problems«, meinte Dottore Lanfranco Gordischi. »Verglichen mit den anderen Mitgliedern des Triumvirats war er ein 60 Jahre alter General ohne bedeutende Siege.« Ende 54 v.Chr. verließ er Rom an der Spitze eines Heeres von 40 000 Mann und marschierte nach Mesopotamien, das damals zum Reich der Parther gehörte. Anfangs kannte sein Erfolg keine Grenzen, und nach den Aufzeichnungen des Historikers Plutarch verbrachte er seine Zeit mit dem Anhäufen von Kriegsbeute. Im Juni 53 v.Chr. ließ er eine kleine Truppe in der Siedlung Carrhae zurück und machte sich auf die Verfolgung des parthischen Heeres, das seiner Meinung nach auf dem Rückzug war.

»Reisen Sie nach Carrhae«, wurde David von Dottore Gordischi gedrängt. »Noch heute spürt man an jenem Ort wie auf vielen Schlachtfeldern den traurigen Untergang.«

Er hatte recht. In den Sanddünen entlang der heutigen syrisch-türkischen Grenze versteckte Surenas, der hervorragende Befehlshaber der Parther, Tausende von Bogenschützen, die ihre Rüstung mit Stoff bedeckt hatten, damit sich die Sonne nicht darin spiegelte und so ihre Position verraten hätte. Als die Römer so weit vorgelockt worden waren, daß ihnen ein sicherer Rückzug unmöglich war, stürmten die Bogenschützen hinter ihnen her und schwärzten die Luft mit ihren Pfeilen. Publius, Crassus' Sohn, versuchte mit seiner Kavallerie einen Gegenangriff, doch wurden er und seine Männer getötet. Den ganzen Nachmittag ließen die Parther ihre Pfeile ununterbrochen niederregnen. Um sich zu schützen, verbanden die Römer ihre Schilde zu einer *Testudo* und warteten, bis den Parthern die Pfeile ausgingen. Surenas' Leute aber hatten hinter einer Sanddüne Kamele mit Hunderten von Körben voller Pfeile versteckt. Bei Einbruch der Nacht löste sich das römische Heer auf. Crassus brach zusammen, und seine Offiziere Octavius und Cassius gaben den Befehl zum Rückzug. In der Dunkelheit waren die lauten Schreie der 4000 Verwundeten zu hören, die dem sicheren Tod überlassen wurden.

An den beiden folgenden Tagen kämpften sich die Römer unter ständigen Angriffen zunächst bis Carrhae vor, das sie nicht halten konnten, und dann bis zu den armenischen Bergen, in der Hoffnung, daß der steinige Boden den unbeschlagenen Pferden der parthischen Bogenschützen Einhalt gebieten würde. Als es auf dem Rückzug zu einem Aufruhr kam, desertierte Cassius mit 500 Reitern. Er erklärte sich bereit, mit Surenas' Truppen über einen Waffenstillstand zu verhandeln, aber als er in der Nähe der parthischen Offiziere vom Pferd stieg, kam es zu einem Streit und er wurde getötet. Die Römer wurden vernichtend geschlagen. Von den ursprünglich 40 000 Mann waren am Ende 20 000 tot, 10 000 verwundet und 10 000 gefangengenommen. Diese Gefangenen waren es, die die Parther 2000 Kilometer nach Osten schafften, wo die Seidenstraße verläuft, fast bis in das Gebiet der Hunnen hinein.

Von der Türkei nach Usbekistan

Während wir auf unserem Weg nach Usbekistan via Moskau über die Berge des Kaukasus fliegen, denken wir an die Veränderungen, die der Zerfall der Sowjetunion für die russische Archäologin, die wir in Taschkent treffen wollen, gebracht hat. In den benachbarten unabhängigen Republiken Tadschikistan und Kasachstan ist es bereits zu Unruhen gekommen. Wie sicher ist das Gebiet um Taschkent?

Während wir in Moskau auf unsere usbekischen Visa warten, hören wir, daß ein Archäologe in Taschkent in einer Höhle eine römische Standarte gefunden haben soll, vielleicht eine derjenigen, die in Carrhae zurückgelassen wurden.

»Es tut mir leid, aber wir haben keine Beweise für Ihre Römer.« Die das sagt, ist Zamira Uzmaiova, Dekanin für Archäologie, Taschkent. Frau Uzmaiova ist klein, mütterlich, sie wirkt eher wie eine Babuschka-Puppe als wie ein peitschenknallender Indiana Jones. Aber wenn sie redet, beschwört sie alte Karawanen herauf, die auf der Wüstenstraße von Samarkand her ziehen. Seit zwanzig Jahren sammelt sie in der Wüste bei Merv Bruchstücke der Vergangenheit. Vor ihr hat Professor Masson vierzig Jahre lang die archäologischen Überreste in der Nähe der Stadt untersucht, wo der Westen sämtliche Spuren der von den Parthern gefangenen Römer verlor.

Aber ist das wirklich ein mit Tänzern, Sängern und Musikanten verzierter römischer Sarkophag, den ihre Studenten im Werkraum untersuchen?

»Ja«, sagt Frau Uzmaiova, »er ist römisch, aber von etwa 100 n.Chr.« Sie zeigt uns neolithische Äxte, Bronzen aus Ferghana, Alabaster aus Parthien und andere römische Relikte, aber nichts aus der Zeit, als die Gefangenen aus Carrhae hier angekommen sein müßten. »Ihre Römer wurden sicherlich weiter nach Osten geschafft.« Offensichtlich ist sie nicht die Quelle des Gerüchtes, das wir in Moskau hörten.

»Sie sollten mit Professor Rtveladze sprechen, er ist der Leiter der Geschichtsabteilung am Zentrum für Schöne

Links: Ein Terrakotta-Täfelchen mit römischem Krieger aus Usbekistan. Der Soldat trägt den typischen Kampfrock und schützt sich mit einem verzierten ovalen Schild.

Unten: Professor Edward Rtveladze, Direktor der Historischen Abteilung des Khamza-Instituts in Taschkent, mit einem Täfelchen aus Terrakotta, das im Süden Usbekistans gefunden wurde. Es zeigt einen römischen Legionär.

Zwei römische Münzen aus dem 1. Jahrhundert v. Chr., die in Leninabad/Usbekistan entdeckt wurden.

Künste in Khamza und hat sehr interessantes Material. Er kann ihnen römische und chinesische Dinge zeigen.«

Das sind aufregende Neuigkeiten. Es ist nicht nur entscheidend zu beweisen, daß die Römer nach Osten gingen oder dorthin gebracht wurden. Ebenso wichtig ist es zu zeigen, daß die Chinesen fast zur gleichen Zeit nach Westen zogen.

Edward Rtveladze spricht seinen Namen mit einem stark gerollten georgischen »R« aus. Er lächelt: »Römer? Sie wollen Römer? Wir haben viele Römer.« Wir erklären ihm, was wir vorhaben. »Natürlich erreichten sie China, sie gingen nach Osten, sie gingen nach Süden, sehen Sie.« Er breitet eine Landkarte von Zentralasien aus, und mit wertvollen Relikten veranschaulicht er seine fiktive Reise durch Zeit und Raum. »Hier«, er zeigt mit einer Kugelschreiberspitze auf die Karte, »Campyz-Tepe. Eine Terrakotta-Tafel mit einem römischen Soldaten darauf. 1. oder 2. Jahrhundert n.Chr. Und hier, in der Nähe von Surci, ein Nero-Kopf aus Marmor und hier in Leninabad, römische Münzen aus dem 1. Jahrhundert v.Chr.«

Er nennt und zeigt einen Ort nach dem anderen, wo römische Überreste gefunden wurden, bis weit östlich von

Die »Schwarze Höhle« bei Keleft an der Grenze Tadschikistan/ Afghanistan. Die römische Inschrift erwähnt einen Soldaten namens Girex, der der XV. Legion des Appolinaris angehörte.

Merv, tausend Kilometer nach Osten, in der Nähe der Grenzen des alten China. »Dies ist eine römische Münze von 16 bis 20 n.Chr. Aber dies ist das Prachtstück.« Er holt nicht etwa ein weiteres Relikt hervor, sondern einige Schwarzweißfotos. Seine Augen strahlen und sein Körper zittert vor Aufregung. »Sie heißt *Caza-Camaz,* persisch für schwarze Höhle.« Auf den Fotos sind der Eingang zu einer Höhle und in einen Felsen geritzte Buchstaben zu sehen. Die Buchstaben sind ungleichmäßig, aber zweifellos römisch.

»Wo ist die Höhle?« fragen wir. Zurück zur Karte. »Die Höhlen, es gibt drei davon hier unten bei Keleft, am Amudarja.« Er zeigt auf eine Stelle, genau an der Grenze zu Afghanistan. »Aber was bedeuten die Buchstaben?« Die Bedeutung sei nicht völlig klar, antwortet er und zeigt auf das Wort *Girex,* den Namen des Legionärs, der den lateinischen Text vor so langer Zeit und so weit von zu Hause entfernt einritzte. »Und dies heißt *XV. Legion des Appolinaris.*«

Das sind wunderbare Neuigkeiten. Ein Beweis, daß die Parther gefangene Legionäre des Appolinaris in eine Gegend weit östlich von Merv brachten. Aber wozu wurde die Höhle benutzt, als einfacher Unterstand, als Versteck? Es dürfte einige Zeit gedauert haben, die Buchstaben in den Fels zu ritzen. Professor Rtveladze beantwortet unsere unausgesprochene Frage. »Sehen Sie diese Buchstaben hier?« Er zeigt auf ein großes *I* und ein *M,* die undeutlich unter den anderen eingeritzt sind. »Vielleicht *Invictor Mithra,* was übersetzt *Unbesiegter Mithra* heißt, der von den Römern übernommene persische Gott, der zum Patron der Heere wurde. Die Höhlen ähneln den *Mithräen,* den Schreinen, die die Römer für Mithra errichteten. Vielleicht gab es dort eine Soldatengemeinde. Wir untersuchen noch immer das Material, das wir gefunden haben.« Wir fragen: »Könnten wir Visa für eine Fahrt zu den Höhlen bekommen?« Der Professor schüttelt den Kopf. »Dort unten gibt es jetzt große Unruhen, die Russen stehen auf der Seite der tadschiki-

Professor Rtveladze erklärt Autor David Harris die baktrische Inschrift auf dem Sockel einer zerstörten Statue.

schen Regierung, und die Afghanen unterstützen die Rebellen, die sich in Afghanistan verstecken und von jenseits der Grenze her wieder angreifen.«

Unsere Enttäuschung ist uns anzusehen. Mit seinem charmanten georgischen Lächeln holt er einen Schlüsselbund hervor. »Kommen Sie mit ins Museum.« Wir gehen durch Flure und kommen zu Aladins Höhle. Dort stehen Statuen, Büsten, Gemälde, Waffen, abgebrochene Säulen und die Totengewänder eines chinesischen Soldaten aus der Han-Dynastie, der im Westen bei Samarkand begraben worden war. Der Ledergürtel ist vorzüglich mit Miniaturszenen eines Mannes verziert, der wilde Wölfe und springendes Rotwild jagt. In Brusthöhe befinden sich Spiegel, die einen Kettenpanzer darstellen.

Professor Rtveladze kniet sich neben eine Statue und zeigt uns an ihrem Sockel eine Inschrift. Er flüstert: »Haben Sie jemals altes Baktrisch gehört? Nur drei von uns können diese Wörter aussprechen.« Es ist ein wenig unheimlich, eine seit Jahrhunderten tote Sprache zu hören. Die Baktrier waren ein persischer Volksstamm, der von Alexander dem Großen, trotz heroischen Widerstands, besiegt wurde. Als Versöhnungsgeste gegenüber den Unterlegenen, aber auch als Beweis für seine Verschmelzungspolitik, heiratete Alexander die schöne Roxane, die Tochter des Baktrierherrschers Oxyartes. Das war vor über 2300 Jahren.

Wir fragen Rtveladze, ob er irgend etwas über die Lage der Stadt des Jzh-Jzh wisse, möglicherweise bei Dzhambul, nordöstlich von Taschkent. »Warum sprechen Sie nicht mit Karl Baipakov, er ist Professor für Mittelalterliche Archäologie an der Kasachischen Akademie der Wissenschaften in Alma Ata.« Ein erneuter Rückschlag, in Kasachstan gibt es Schwierigkeiten mit den Rebellen, sicherlich weiß das Professor Rtveladze, oder aber die Nachricht ist zurückgehalten worden. Lächelnd zieht er an seiner Zigarette. »Glücklicherweise ist Karl gerade bei uns in Taschkent zu Besuch. Ich werde ihn fragen, ob er mit Ihnen sprechen möchte.« Karl Baipakov ist anders als Professor Rtveladze. Wenn er redet, geht er ständig auf und ab und hält dann inne, um zu sehen, welche Wirkung seine Worte haben. »In der Nähe von Dzhambul gibt es Steinruinen, sie sind nicht datiert und nicht typisch.« Unser Dolmetscher ist aufgeregt.

»Es ist nur eine Vermutung, aber die äußeren Mauern können römisch sein, und diese Mauern oder das, was von ihnen übrig ist, sind von einem Wall umgeben, der auf eine äußere Schanze nach römischem Muster schließen läßt. Nach all der Zeit kann es natürlich keine Spuren einer Holzpalisade mehr geben, falls sie dort einmal stand.« Er zuckt die Schultern. »Aber wer weiß, es könnten ebensogut die Überreste einer mittelalterlichen Karawanserei sein.« Nachträglich fügt er hinzu: »Wenn Sie ein Visum für Dzhambul haben, warum fahren wir nicht dorthin und sehen es uns an, die Stelle liegt nur 15 Kilometer östlich der Stadt.«

Während wir auf einem niedrigen Erdwall stehen, hinter uns die Überreste einer Steinmauer, können wir uns leicht vorstellen, daß dies der Ort ist, wo sich einst die Hunnenstadt befand. Die Bergpässe nach China liegen direkt südöstlich von uns.

Ch'en T'angs Heer umzingelte die Stadt, bevor es mit dem Angriff begann. Aus Ch'en T'angs Kriegstagebuch wußten wir, daß am zweiten Tag an allen Seiten der Stadt ein Feuer ausbrach. Ch'en T'angs Truppen konnten den Sieg schon spüren. Sie durchbrachen die Randstellungen, drangen in die Stadt ein und zwangen Jzh-Jzh, in seine Privatresidenz zu fliehen. Die römischen Söldner kämpften weiter hinter ihren Schilden, die »wie Fischschuppen miteinander verkettet waren«, bis ein chinesischer Offizier Jzh-Jzh schließlich erstach und ihm den Kopf abschlug. Erst dann senkten die Römer ihre Schilde und Schwerter.

Wir drehen uns um und schauen nach Westen und nach Dzhambul, in die Richtung, in die die Hunnen getrieben wurden, nachdem die Stadt des Jzh-Jzh gefallen war. In den folgenden Jahrhunderten drangen die Hunnen immer weiter nach Westen vor, bis sie in Europa einfielen und schließlich Rom eroberten. Es ist ein merkwürdiger Gedanke, daß die Flammen, die die 145 Römer vielleicht an der Stelle, an der wir standen, einschlossen, eines Tages Italien entzünden sollten.

Am Rande der Gobi

Vorläufig müssen wir der Route des siegreichen Heeres Ch'en T'angs folgen, entlang der Großen Mauer, die nach Süden in die Provinz Gansu hineinführt. Dort wird David Harris hoffentlich seine Bekanntschaft mit Professor Guan erneuern, dem letzten noch lebenden Mitglied des akademischen Trios, das ihn zu seiner Odyssee veranlaßte, und mit der Hilfe des Professors wird er diesmal vielleicht die Überreste einer anderen, von den Römern erbauten Stadt finden können.

Um zu unserem Zielort zu gelangen, müssen wir zunächst nach Moskau zurückkehren und dann über Beijing fliegen, wo David von chinesischen Wissenschaftlern einige Dokumente über Li-jien erhalten soll. Er wird auch dort seine Frau Christine treffen, bevor er nach Lanzhou weiterreist.

Auf jedem seiner zahlreichen Besuche in China ist David Harris durch das Labyrinth der chinesischen Bürokratie geschritten und dem Ziel seiner Nachforschungen ein großes Stück näher gekommen. Diesmal hat er für Professor Guan, der wie Dubs die Suche nach Li-jien zum Mittelpunkt seines Lebenswerkes gemacht hat, ein Exemplar von Dubs' Buch *A Roman City in China* mitgebracht.

Professor Guan Ih-Chuan, Nationalakademie für Minderheiten im Nordwesten, Lanzhou, läßt sich von David Trent das Fernerkundungssystem erklären.

Zunächst statten wir Professor Dong Yu Xiang, dem Direktor des Museums der Provinz Gansu, einen Höflichkeitsbesuch ab. Neben 42000 kulturellen Relikten, darunter einige aus dem Paläolithikum, besitzt das Museum viele frühe Darstellungen aus der Geschichte, die auf Bambusstreifen gemalt wurden und Professor Guan für seine Nachforschungen zur Verfügung gestellt worden sind.

Unser erster Eindruck von Professor Guan Ih-Chuan ist der eines unglaublich gebrechlichen, alten Mannes, der von der reinen, brennenden Leidenschaft für seine Arbeit getrieben wird, aber er ist ein stolzer Mandschu und verhält sich auch so, entschuldigt sich für sein Englisch, das er vor fünfzig Jahren als Dolmetscher für die amerikanische Luftwaffe in Chungching brauchte. Auf Professor Guans Knien breitet David eine Karte der Provinz Gansu aus. Der alte Mann betrachtet sie genau und meint: »Li-jien ist eine Quelle mit vielen Flüssen.« Aus seiner Tasche zieht er ein Bündel Papier heraus, das mit chinesischen Schriftzeichen sauber beschrieben ist. »David, Sie sind hergekommen, um die verlorene Stadt Li-jien zu finden. Erlauben Sie mir, Ihnen vier weitere Städte der Menschen aus Li-jien vorzustellen.«

Das hatte ich nicht erwartet. Der Professor fährt mit seiner knochigen Hand über die Karte und spricht in gemessenem Ton, als wenn er einen Vortrag hielte. »Es gibt viele Städte, die die Menschen aus Li-jien erbaut haben, aber welche ist Li-jien? Das ist das Problem.« Er zeigt auf der Karte Stellen in der Nähe von Zhangye, Shandan, Yongchang, Minqin und Zhoujiang, die in einem Gebiet von fast 180 Kilometern westlich und 80 Kilometern nördlich von Yongchang liegen.

»Mit der Bestimmung der geographischen Lage gibt es viele Probleme, und Sie müssen verstehen, daß der alte Text, den ich im Museum durchgelesen habe, viele Widersprüche und Auslassungen enthält. Sie wissen, daß Pan Ku und andere Historiker den Auftrag hatten, die Taten des Kaisers und anderer mächtiger Mitglieder des Hofes niederzuschreiben. Auf das Leben der einfachen Leute und der kulturellen Minderheiten gibt es nur vereinzelte Hinweise. Deshalb gibt es viele textliche und linguistische Probleme.«

Er wandte sich wieder seinen Aufzeichnungen zu. Woher kamen die Leute von Li-jien, warum kamen sie, und wohin gingen sie? Woran kann man auf einem Fluß die erste Welle erkennen? Wir wissen, daß die Rong-Stämme von Li-jien weiße Haut hatten, groß und stattlich waren, mit braunen oder blauen Augen, braunem oder blondem Haar.

»*Rong* kommt von *Ayran*. Achten Sie auf den ähnlichen Klang. In meinen alten Büchern werden zwanzig verschiedene Rong-Stämme erwähnt. Welcher von ihnen lebte in Li-jien? Woher kam jede Gruppe? Bedeutet Li-jien Rom oder römische Welt, also *der Westen*, und nicht einen bestimmten Ort? Manche Wissenschaftler behaupten, daß Li-jien nicht einmal in dieser Gegend liege«, er streicht über die Karte, »und andere meinen, daß es überhaupt nie existiert habe.«

David Harris erinnert Professor Guan daran, daß der Usurpator Wang den Namen Li-jien in *Jieh-lu* umwandelte, was »Gefangene, die bei der Eroberung einer Stadt im Sturm gemacht wurden« bedeutet. Professor Guan beugt sich vor. »Das ist sehr wichtig. *Jieh-lu* wurde auch *Zher Lai Zhai* genannt. Wo haben Sie von dieser Namensänderung

Die Lage von Li-jien auf einer chinesischen Landkarte aus dem Jahr 9 v. Chr.

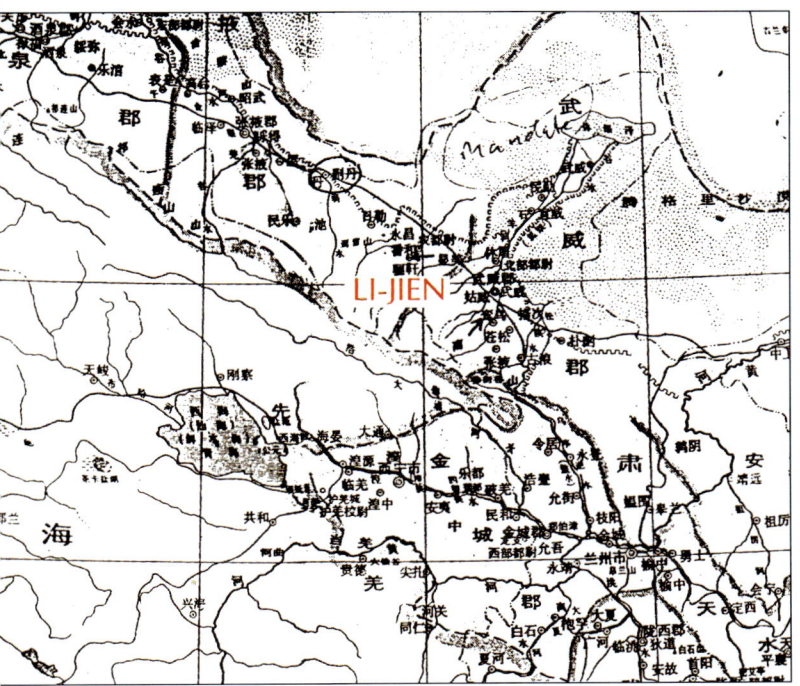

gelesen?« David nimmt aus einer Tasche ein Bündel westlicher Beweise und das Material heraus, das er in Beijing erhalten hat. Obenauf liegt eine Kopie des Vortrags, den Professor Dubs 1955 vor der Chinesischen Gesellschaft hielt.

Professor Guan ist sichtlich bewegt. »Mein ganzes Leben lang wollte ich dieses Meisterwerk lesen.« Er durchblättert die Seiten und liest die Fußnoten. »Oh, das ist sehr wertvoll. So viele unserer Geschichten sind verschwunden. Von Dieben aus dem Westen und aus Japan gestohlen. In Bürgerkriegen und Revolutionen verlorengegangen, durch Überschwemmungen und Brände zerstört. Wir sind alle unachtsam gewesen, und einige Geschichten sind für immer verloren.«

Bei seinem nächsten Besuch zeigt David Professor Guan ein Exemplar des Geschichtsatlas von China, Band Zwei, Qin-Dynastie, Westliche Han-Dynastie und Östliche Han-Dynastie. Professor Guan zeigt ihm drei Karten, die er von alten Landkarten aus den Jahren 9 n.Chr. und 140 n.Chr. kopiert hat. Auf jeder ist Li-jien, genau südlich von Yongchang, eingezeichnet.

David ist begeistert, denn es ist das erste Mal, daß er den Namen der Stadt auf einer Landkarte sieht, dazu noch in der Gegend, die Dubs vermutet hat. Professor Guan erklärt ihm die Schwierigkeit, chinesische Laut zu übertragen. »Wir können nicht sicher sein, daß sie richtig sind. Ähnliche Laute haben verschiedene Schriftzeichen, und die gleichen Schriftzeichen haben nicht den gleichen Laut. Aber ich glaube, *Li-jien* war *Jieh-lu* und *Zher Lai Zhai*. Es gibt ein Problem mit der Datierung.«

Die Suche nach Li-jien ist wie die Fahrt in einer Berg- und Talbahn, jeder positive Hinweis oder Beweis läßt unsere Stimmung steigen, und jeder Rückschlag läßt uns in tiefe Verzweiflung zurückfallen.

Professor Guan holt einen anderen Band herbei. »In Wu Lien Jus Bericht über die Fünf Dynastien heißt es, daß der Befehlshaber der Garnisonstruppen in Li-jien, Lu Buh Duh, den Römern und ihren Tagelöhnern befahl, eine Stadt, Li-jien, und eine Burg zu bauen. Die Soldaten aus Crassus' Heer sollen 35 v.Chr. nach Gansu gekommen sein, aber in einem anderen meiner Bücher steht, daß General Lu Li-jien zwischen 120 und 102 v.Chr. bauen ließ.

Welche der fünf Städte baute er? Wir wissen, daß die alten Aufzeichnungen nicht genau sind. Um die richtige Antwort zu finden, müssen wir andere Orte entdecken, die mit Li-jien verbunden sind. Es gibt eine Stadt, die »Schwarze Stadt« heißt. Ich versuche gerade, mich mit einer alten Dame in Verbindung zu setzen, die in ihrer Kindheit die Ruinen einer Stadt in der Nähe von Yongchang sah. Es war eine

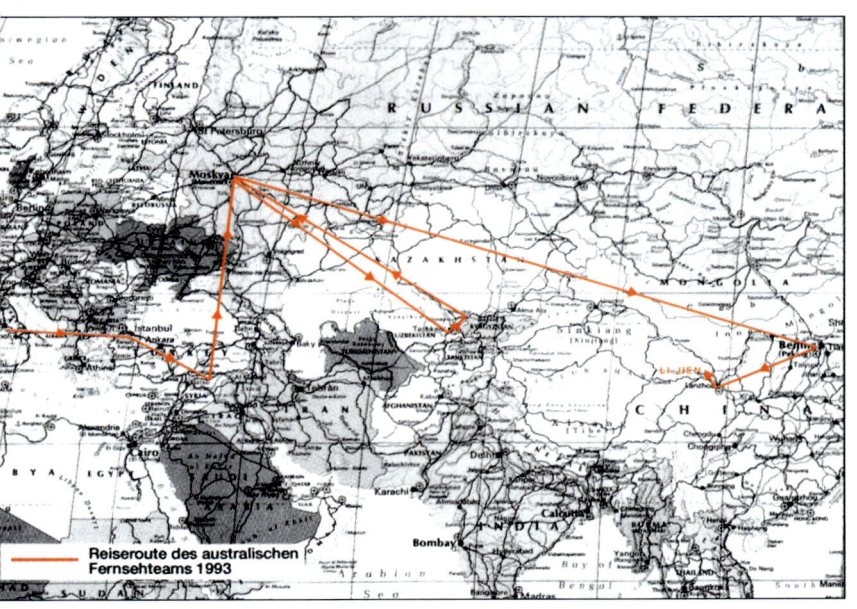

Reiseroute des australischen Fernsehteams 1993

kleine Stadt, aber die Mauern waren hoch genug, daß sie dort Verstecken spielen konnte. Vielleicht kann sie uns sagen, wo diese Mauern standen. Aber noch wichtiger als die »Schwarze Stadt« ist die »Rote Felsenburg«.

Im Jahre 304 n.Chr. kämpfte General Dung Drou gegen die Bewohner von Li-jien und vertrieb sie aus ihrer alten Stadt in die »Schwarze Stadt«. Und von dort aus zogen sie sich in ein enges Flußtal zurück, wo noch ihre Festung mit dem Namen »Rote Felsenburg« stand. Seit 304 n.Chr. war Li-jien in der Geschichte kein unabhängiger Ort mehr. Der Name des Bezirks wurde von Li-jien in *Pan Ho* umgewandelt.

Wohin gingen die Überlebenden jener letzten Schlacht? Die Bewohner von Li-jien zogen sich nach Süden in das Qilian-Gebirge zurück und schlossen sich mit den Chang zusammen. Das chinesische Heer würde nicht in die Berge vordringen. Bauern finden Berge zu fremdartig und furchterregend. Nach den historischen Berichten von Herxi blieben nur sehr wenige Menschen aus Li-jien in der Gegend außerhalb der Berge.«

Da ist die Antwort: Wenn wir die Stelle finden könnten, an der die Stadt *Zher Lai Zhai* lag, und dann in der Nähe die Stelle der »Roten Felsenburg«, dann würde zwischen den beiden die »Schwarze Stadt« liegen − »Schwarze Stadt« ist die Abkürzung von »Stadt des Schwarzen Pferdes« −, die auch Li-jien genannt wurde. Und wenn die Nachkommen der Einwohner von Li-jien noch heute in den Bergen lebten, könnten uns Bluttests vielleicht etwas über ihre Herkunft sagen.

Bevor wir Australien verließen, gab man David den Tip, als Beweis nach einer Art von Anämie (Blutarmut) mit der Bezeichnung *Thalassämie* oder Mittelmeeranämie zu suchen, die vor allem in der Mittelmeerregion auftritt und von den römischen Legionären im ganzen Reich verbreitet wurde. Das charakteristische Merkmal der *Thalassämie* wird durch die Gene weitergegeben, und am genetischen Fingerabdruck der DNS kann der Träger bis ans Ende aller Zeiten erkannt werden.

Wir haben Kopien dieser genetischen Fingerabdrücke von Menschen mit *Thalassämie* und sprechen mit Professor Guan darüber. Er ist skeptisch. »Im Blut von Chinesen gibt es viele Merkmale der Rong-Stämme. Es wurden Tests durchgeführt und Unterschiede festgestellt, aber niemand kann mit Sicherheit Angaben über die genaue Herkunft machen. Sie könnten viel später durch Kaufleute eingeschleppt worden sein.«

Und wieder sind wir niedergeschlagen. Für David kommt ein Brief an. Er enthält eine Satellitenaufnahme von einem Gebiet vom Rand des Qilian-Gebirges bis zur Wüste Gobi. Die Aufnahme steht im krassen Gegensatz zu dem Jahrhunderte alten Material, über das er mit Professor Guan gesprochen hat, der von den Einzelheiten auf dem Foto verblüfft ist.

Am oberen Rand stehen die Wörter *Nasa ERTS, 18th October 1976.* Das Foto ist aus einer Höhe von 900 Kilometern gemacht worden und zeigt ein Gebiet von 134 000 Quadratkilometern. Wir erkennen den Lauf alter Flüsse, die nach Osten flossen und in der Wüste Geisterstädte zurückließen. David zeigt dem Professor Wuwei und Yongchang und folgt der Seidenstraße über eine Fläche, die so groß wie Italien ist und vor 2000 Jahren eine Oase war. Der Professor strahlt: »Sie wissen, daß es zur Zeit von Li-jien vier Grad kälter war und die Wüste Gobi viel weiter entfernt lag.« David ist in Gedanken versunken. »Irgendwo da unten ist Li-jien.«

Der Professor lächelt und zeigt auf mehrere Punkte auf dem Foto. »Es ist da oder da oder da oder vielleicht da hinten, aber wenn wir recht haben, ist es irgendwo da!« Mit

dem Finger deutet er auf eine Stelle südlich von Yongchang.
Lachend meint David: »Wir können das mit unserem *Global
Positioning Device* überprüfen, einem Gerät zur Positionsbe-
stimmung, das wir einsetzen, wenn wir unsere Luftaufnahmen von Li-jien für archäologische Zwecke und Analysen
machen.« Der Professor ist interessiert. »Wie funktioniert
das?«

David holt ein Gerät hervor, das so groß ist wie ein
Taschenrechner, und gibt es Guan, er über seine geringe
Größe erstaunt ist. »Ich dachte, es würde so etwas sein wie
ein kleiner Fernsehapparat, aber alles in der Welt wird kleiner, ich auch.« Er lacht über seinen Scherz. David schaltet

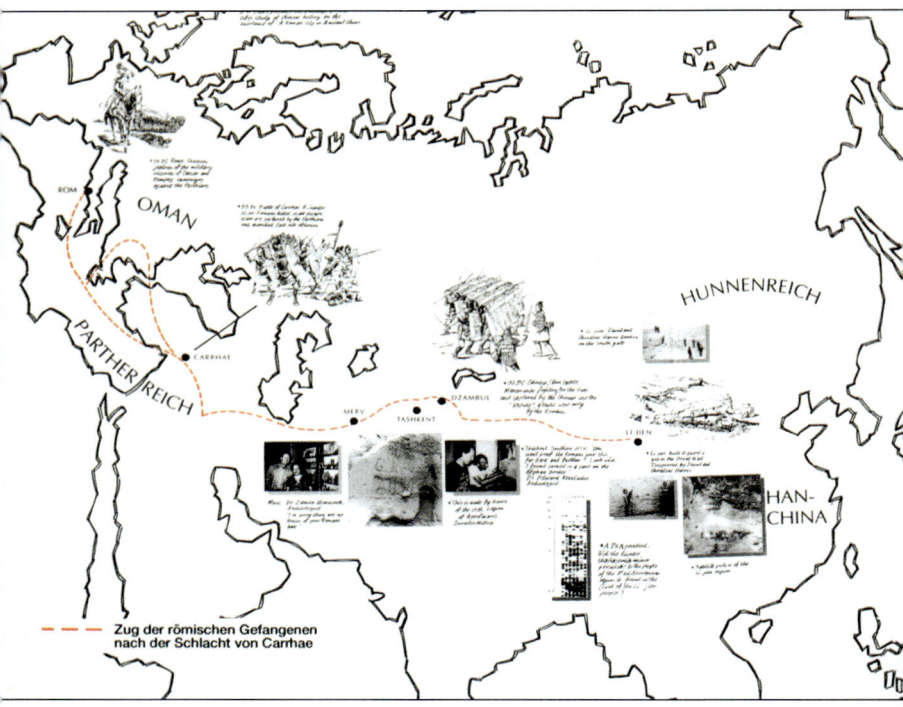

- - - Zug der römischen Gefangenen
nach der Schlacht von Carrhae

das Gerät ein. »Wenn wir anhand einer Landkarte unseren genauen Standort kennen, wie hier in Lanzhou, geben wir die Grade und Minuten der Länge und Breite ein.«

David drückt auf der Tastatur ein paar Zahlen und zeigt dem Professor die Anzeige. Der alte Mann lächelt. »Das ist gut, jetzt weiß ich, wo ich bin, hier, aber was ist, wenn ich woanders bin?« David schüttelt den Kopf und lächelt ebenfalls, Guan amüsiert sich. »Diese genaue Anzeige wird solange im Speicher des Gerätes festgehalten, bis sie gelöscht wird. Wenn ich also jetzt nach Wuwei oder nach Yongchang gehe...« – »Oder nach Li-jien?« schlägt der Professor vor. »Genau«, antwortet David. »Wir schalten es einfach ein, drücken diese Knöpfe, und ein Satellit, ein anderer als der, der das Foto machte, liefert uns anhand der Daten, die wir als Referenz in seinen Speicher eingegeben haben, eine genaue Anzeige unseres Standortes.«

Der Professor zeigt ein zufriedenes Lächeln: »Dann kann es also keinen Streit geben, wenn diese Position auf dem Foto erscheint?« David stimmt ihm zu. »Das ist richtig, es ist sehr entscheidend, daß der Analytiker den genauen Standort der Luftaufnahmen bestimmen kann.« – »Wo wollen Sie diese Untersuchung durchführen?« fragt Guan. David zeigt ihm Aufnahmen, die mit dem Fernerkundungssystem gemacht wurden, und erklärt, daß es in Australien entwickelt worden ist, und die Analyse gegenwärtig für das chinesische Amt für Altertümer erstellt wird, um die am meisten versprechenden Ausgrabungsorte herauszufinden.

»Wir sind uns natürlich bewußt, daß wir als Ausländer chinesischen Boden nicht berühren dürfen. Aber die Fotos liefern uns die Daten, die wir über die Größe und Anordnung der Ruinen am jeweiligen Ort benötigen, so daß wir sagen können, ob sie nach einem westlichen Plan gebaut wurden.« David erklärt, daß das System auch für die Um-

weltforschung überaus nützlich sei und die chinesische Akademie der Wissenschaften an seiner Anwendung großes Interesse habe, um die Wirkungen einer Bewässerung auf
dem Lößplateau festzustellen.

Am nächsten Morgen, kurz bevor wir abreisen wollen,
kommt Professor Guan vorbei, um sich von uns zu verab-
schieden. Als Mandschu hat er keine Genehmigung erhalten,
uns zu begleiten, dieser Mann, der einen so großen Teil seines Lebens der Suche nach Li-jien gewidmet hat. Er öffnet
seine Hände und reicht David ein Stück Papier. »Das ist für
Sie. Es ist eine Kartenskizze in chinesisch und englisch. Es ist
ein kleiner Führer, der Ihnen helfen soll, Li-jien zu finden.
Sehen Sie. Sie müssen drei Orte finden, die nahe beieinan-
der liegen: *Zher Lai Zhai,* die »Schwarze Stadt« und die »Ro-

*Landschaft in der chinesischen Provinz Gansu. Im Hintergrund das Qilian-Ge-
birge.*

te Felsenburg«. Wenn Sie Spuren von allen dreien finden, haben Sie einen Anhaltspunkt. Und wenn Sie es finden und wenn Ihnen die Behörden erlauben, die Mauern zu berühren, klopfen Sie auf die Steine, sagen Sie mir, welches Geräusch sie machen; Han-Steine haben einen klingenden Ton, wie Metall.«

Professor Guan erhebt sich langsam, um uns Lebewohl zu sagen. »Vieles steht zu Ihren Gunsten. Yue Banghu, der Direktor der Kulturbehörde, glaubt, daß Li-jien dort liegt, wo wir es vermuten.«

Im Land der »Gelbhaar-Menschen«

Unser Kleinbus bahnt sich seinen Weg durch den Verkehr in Lanzhou, vorbei an der Bronzestatue des himmlischen Pferdes, dessen Mähne im Wind flattert, während es über den Himmel galoppiert. Der für unsere Gruppe zuständige Beamte fragt David: »Wann genau wurde Ihre römische Stadt überfallen?« David antwortet: »Die Tibeter vernichteten sie 746 n.Chr.« Der Beamte überlegt. »Das ist lange her. Welche Chancen haben Sie, sie tatsächlich zu finden? Flüsse ändern ihren Lauf. Es gibt Sandstürme, Erdbeben, Überschwemmungen.« Sie lächeln sich an. David schaut weg. »Ich habe keine Wahl, ich muß weitermachen, auch wenn alle Spuren angeblich verwischt sein sollen.«

Der Beamte sieht sich eine Straßenkarte für unsere Tagesfahrt nach Yongchang an. Wir beobachten, wie der Gelbe Fluß durch sein enges Tal strömt und seine trüben Wellen an seichten Stellen ansteigen. Bei Hekou überqueren wir den Fluß und beginnen die lange Fahrt durch den Korridor von Herxi hinauf. Zwischen dem Qilian-Gebirge und einem kleineren Wüstenstreifen, der von der Gobi aus hinunterläuft, ist der Korridor die strategische Verbindung mit dem Nordwesten. Zweimal schlängeln sich die Straße und die

Eisenbahnlinie durch Täler, die kaum hundert Meter breit sind.

»Diese Gegend ist wegen ihrer Rosen berühmt«, erklärt uns der Beamte stolz. Rosen? Überall um uns herum sehen wir nur kahle Felder und nackte, ausgewaschene Hügel. Wieder einmal erinnert uns China daran, dem Schein nicht zu trauen. An einer militärischen Straßensperre wird ein runder Aufkleber an der Windschutzscheibe befestigt. Wir sind im Hochland. Auf den Flüssen glänzt Eis. Das Qilian-Gebirge ist bis 5000 Meter hoch. Der Mayaxue, ein hochaufragender Berg, sieht mit seinen zerklüfteten Gipfeln und breiten Hängen überwältigend aus. Dahinter verschwindet eine Bergkette hinter der anderen im Himmel und in Tibet, dem Dach der Welt.

Später sehen wir in einem trockenen Gebiet des Bezirks Gulang Yaks, die einen Pflug übers trockene Ackerland ziehen. Der Bauer schleppt sich mühsam hinter den Pflugscharen her, während diese über die Erdschollen gleiten. David fragt: »Wie kann etwas ohne Wasser wachsen? Es gibt keine Flüsse, keine Kanäle, keine Windmühlen.« Der Beamte lächelt und drückt seine Aktentasche an sich. »Die Bauern gehen in die Berge und holen Schnee.«

In der alten Hauptstadt Wuwei machen wir an einem Straßenmarkt Halt. Der Beamte und ein Vertreter des Sponsors unserer Expedition gehen in das Museum, um Aufnahmen von Speer- und Pfeilspitzen vorzubereiten, die an einem Ort in der Gegend gefunden wurden, wo David Li-jien vermutet. Wir bekommen die Genehmigung, aber nicht für heute, sondern für die Zeit unserer Rückfahrt.

Ebenso ergeht es uns am Flughafen, von wo aus wir das Flugzeug chartern müssen, um Li-jien zu überfliegen und unsere Aufnahmen für die Analyse mit dem Fernerkundungssystem zu machen. Wir sind immer noch in der Berg- und Talbahn. Man sagt uns: »Finden Sie erst Ihr Li-jien, dann werden wir Ihnen unsere Beweise zeigen, und dann können Sie Ihre Fotos machen.«

Je weiter wir nach Westen fahren, desto kahler wird der Boden. Drei Stunden lang folgen wir dem gewaltigen Qilian-Gebirge, das sich endlos über den Horizont hinaus nach Westen erstreckt. Nun biegen wir nach Süden und fahren geradewegs auf die Berge zu, deren weiße Wände schroff über der ebenen Wüste Tengger Shamo aufragen.

In Yongchang überragt eine grüne Pagode die wuchtigen Tore. Diesmal warten wir außerhalb des Regierungshauses, während die Beamten im Inneren die endlosen Formalitäten durchgehen. Ein alter Mann schlurft an uns vorbei, sein Gesicht ist seltsam rotbraun. In seiner Studie über die chinesische Kultur, *Science and Civilisation in China,* erwähnt der

Durch ihre perfekte Statik - unten breiter, nach oben hin schmaler - hat die Chinesische Mauer fast 2200 Jahre überdauern können.

Reste der Großen Mauer, des gewaltigen chinesischen Schutzwalls, im Jin-chuan-Tal, Provinz Gansu.

Historiker Joseph Needham die »Roten Leute« dieser Gegend und zitiert Überlieferungen, nach denen sie Nachkommen der Römer sind. Needham behauptete, daß Li-jien an der Stelle war, wo Yongchang liegt.

Wir gehen in das Behördengebäude hinein und werden von drei lokalen Beamten, dem stellvertretenden Direktor, dem Kultursekretär und dem Parteisekretär, herzlich be-

grüßt. Der für unsere Gruppe zuständige Chinese und unser Sponsor erklären bei Tassen dampfenden grünen Tees das Ziel unserer Reise. Ihre lebhafte Debatte mit den lokalen Beamten endet mit einer Erklärung, die der stellvertretende Direktor von einem Blatt Papier vorliest. »Wir sind ebenfalls der Meinung, daß hier Römer gewesen sein könnten, aber von ihrer Stadt gibt es keine Spuren mehr.«

Das Dorf Shengrong in der Provinz Gansu, ursprünglich eine Siedlung japanischer Buddhisten aus dem 7. Jahrhundert.

Wir halten den Atem an. Er fährt fort: »Needham hatte mit seiner Behauptung unrecht, daß Li-jien unter Yongchang liegt. Aufgrund unserer Beweise ist es 15 Kilometer südlich.« Wir sehen uns erleichtert an, und unsere Stimmung ist wieder besser. Vorsicht! In der Vergangenheit folgte dem stets die Enttäuschung. Hier ist sie. Der Kultursekretär sieht seinen Direktor an und sagt dann ruhig: »Wir werden

Sie nach Li-jien suchen lassen, aber erst müssen Sie sich andere Orte ansehen. Die Überreste der Großen Mauer und Shengrong mit einem von den Japanern vor mehr als tausend Jahren erbauten buddhistischen Turm. Vielleicht können Sie diese fotografieren und den Menschen in Ihrem Land zeigen.«

Die Shengrong-Pagode.

Was sollen wir dazu sagen? Li-jien ist nicht das Ziel, sondern der Anfang. Bei Sonnenuntergang fahren wir durch die gewaltigen Tore aus der Ming-Dynastie und biegen nicht nach Li-jien ab, sondern auf die Straße hinunter, die sich durch das Jinchuan-Tal schlängelt. Die Piste verschwindet in einem Fluß, und auf der anderen Seite führt ein Pfad einen steilen Hügel hinauf. Wir fahren um einen Hügel herum, und das Tal wird wieder breiter. Einer der Beamten zeigt auf etwas auf der anderen Seite des Tales. »Da, die Große Mauer.«

Aufgeregt, aber verwirrt, widerstehen wir der Frage: »Wo?« Mit Bildern der gewaltigen Steinkonstruktion vor Augen, die sich über die Hügel nördlich von Beijing schlängelt, war der zerfallene Wall jenseits des Tales alles andere als das, was wir erwartet hatten. Aber es ist die Große Mauer, und zu ihrer Zeit war sie eine großartige bauliche Leistung, die die Hunnen und andere Eindringlinge fernhielt.

Wir halten an und untersuchen den Abschnitt der Mauer, die etwas weiter in einen künstlichen See eintaucht, auf der anderen Seite wieder zum Vorschein kommt und dann hinter dem Hügel verschwindet. Die Mauer hier in der Nähe des Pfades ist ungefähr vier Meter hoch, ihre Dicke beträgt am Sockel ungefähr fünf Meter und verjüngt sich bis zum oberen Rand auf einen Meter. Wir streichen mit unseren Händen über Steinblöcke, die vor mehr als 2000 Jahren behauen wurden, und befühlen die 30 mal 25 Zentimeter großen Tonsteine. Auf einigen sind Rillen zu erkennen, die in die Oberfläche gemeißelt wurden. Es ist ein seltsames Gefühl, die Spuren eines Menschen zu betrachten, der schon so lange tot ist.

Wir fahren weiter in das Tal hinein, wo sich die Felswände zu einer Schlucht verengen. Wir biegen um eine Ecke, und dort, in der glühenden Sonne, erhebt sich hoch oben auf dem Felsen die Shengrong-Pagode. Wir erfahren, daß wir die ersten Ausländer sind, die sie sehen. Im Talgrund befinden sich Felder, die erstmals um 600 n.Chr. von japanischen Mönchen bestellt wurden. Einst sollen hier 20 000 japanische Mönche gelebt haben, was wir kaum glauben können. Aber die chinesischen Beamten versichern uns, daß die Buddhisten in der Sui-Dynastie und in der Tang-Dynastie besondere Privilegien genossen.

Wir schauen von der Pagode ins Tal hinab und finden es ebenfalls unglaublich, daß hier, 2000 Kilometer vom Ostchinesischen Meer entfernt, Japaner gelebt haben sollen, und daß sie die Lehren Buddhas von diesem Tal in der Nähe der Hauptroute der Seidenstraße aus nach Westen verbreiteten.

Als wir wieder im Talgrund ankommen, erfahren wir, daß Shengrong *Glück im Schutze Buddhas* bedeutet. Und einer der Beamten aus Yongchang zeigt auf den Felsen und fragt: »Können Sie den Buddha sehen?« Wir können keine Statue erkennen.

Wie bei der Großen Mauer sind wir Opfer unserer Vorurteile. Er weist auf eine verschwommene, glatte Gestalt hin, die in die Felswand gemeißelt ist. Der Beamte lacht, sie hat keine Arme und keinen Kopf. »Sehen Sie die Löcher, wo die Arme waren? Zur Zeit des Kaisers Zhang Di aus der Sui-Dynastie wurden die Menschen unterdrückt. Es kam zu Aufständen, Hungersnöten und Elend. Die Menschen nahmen dem Buddha Kopf und Arme und versteckten sie. Der Buddha sagte ihnen, es würde in der Welt solange keine Eintracht herrschen, bis zukünftige Menschen die Statue wiederherstellen. »Wo sind die Stücke jetzt?« fragen wir ihn. »Im Provinzmuseum.« Beim Zurückblicken stellt David Harris fest, daß die Pagode mehr chinesisch als japanisch aussieht, und der Beamte meint stolz, sie sei eine chinesische Verbesserung des japanischen Originals.

Zerstörte Buddha-Figur unterhalb der Pagode von Shengrong.

Während wir am Flußufer entlanggehen, fügt ein anderer Beamter hinzu: »Lange vor den Japanern waren andere Menschen hier«, und er deutet auf Schriftzeichen, die in den Felsen gemeißelt sind. »Die oberste Zeile ist altes Mongolisch, damals *Hui He*«, sagt der Kultursekretär. »Darunter ist *Xi Xia* und ganz unten ist eine alte Schriftart des Han-Chinesisch.« »Was bedeuten sie?« Niemand hat diese Schriftzeichen übersetzt.

Wir steigen in den Bus und machen uns auf die Rückfahrt nach Yongchang. Morgen muß es Li-jien sein, keine Umwege mehr, mögen sie auch noch so faszinierend erscheinen. Der Morgen für Li-jien ist bewölkt. David nimmt aus seinem Taschenkalender Professor Guans Kartenskizze heraus und steigt mit einer ganzen Schwadron von Beamten in den Kleinbus.

Wir verlassen die Hauptstraße und biegen nach Süden ab, in Richtung auf das Flußtal etwa 10 Kilometer weiter vor uns. Wir lassen den letzten Rest grüner Gärten hinter uns zurück und gelangen in eine Mondlandschaft mit ausgetrockneten Flußbetten und verstreut liegenden Felsblöcken. Rechts stehen einzelne Wachtürme, von denen aus die herannahenden Hunnen angekündigt wurden. In der Nähe des Talausgangs befindet sich ein seltsamer Erdwall, der sich auf einer unnatürlich flachen Felsbank erhebt.

David vertieft sich in seine Kartenskizze und versucht, die Angaben auf die umliegende Landschaft zu übertragen. Professor Guan hat eine Stelle mit Gräbern markiert, und David untersucht den flachen Boden nach kleinen Erdhügeln. Die drei Orte, die er finden muß, sind *Zher Lai Zhai,* die »Rote Felsenburg«, und zwischen ihnen sollte die »Stadt des Schwarzen Pferdes« oder Li-jien liegen.

Felsritzungen bei Shengrong. Oben mongolische Schriftzeichen, darunter alt-chinesische Texte aus der Han-Zeit (2. Jahrhundert).

Wir fahren am Ufer des alten Flusses entlang, wo die Berge bis in den Himmel hinaufragen. In der Nähe des Dorfes halten wir an, und während wir aus dem Kleinbus steigen, meint der Kultursekretär: »Das hier ist Zhe Sa Zhan, wir wollen hineingehen und den Dorfobersten um Erlaubnis bitten, über die Felder zu laufen.« Auf unserem Gang durch die niedrigen Ziegelhäuser fragt David den Kultursekretär: »Wie lautete der alte Name dieses Dorfes?« »*Zher Lai Zhai*«, antwortet er. Auf Davids Reaktion lächelt er, und ein wenig zu beiläufig meint er: »Wir gehen jetzt nach Li-jien hinein.« Er dreht sich um, um den Dorfältesten zu begrüßen. Befinden sich die Ruinen unter unseren Füßen?

Nach vielem Reden, Nicken und Zeigen kehrt der Kultursekretär zurück. »Im Jahre 1984 gruben Bauern dieses Dorfes ein altes Schlachtfeld aus, genau dort über dem Fluß fanden sie beim Pflügen viele Pfeilspitzen und Kochgeschirr von Soldaten. Etwa einen Kilometer weiter südlich gibt es zerfallene Mauern.« David unterdrückt seine Begeisterung: »Was ist das für ein Ort?« Er schaut über den Fluß. »Ma Chang Zi oder Feld der Pferde.«

Eines der letzten Dinge, die Professor Guan ihm gesagt hatte, war, daß sich die Bewohner von Li-jien in der Schlacht von 304 n.Chr. in ihre Festung zwischen den Hügeln zurückzogen, also nach Süden, und er hatte ihn gedrängt: »Gehen Sie und reden Sie mit den Leuten im Ort, lokale Legenden, sprechen die Wahrheit.« Seine Augen auf die Ruinen in der Ferne gerichtet, fragt David: »Wie lautete der frühere Name für das Feld der Pferde?« Der Kultursekretär und der Direktor beraten sich, dann meint der Kultursekretär mit einem Nicken: »›Schwarze Stadt‹, einige Behörden nennen sie ›Stadt des Schwarzen Pferdes‹.«

Das ist sie! Nach jahrelangen sorgfältigen Nachforschungen und der großen Enttäuschung, wenn man ihm sagte, sie

Das Dorf Zhe Sa Zhan. Sein alter Name Zher Lai Zhai (»Rote Felsenburg«) weist auf den Standort der römischen Siedlung Li-jien hin.

habe nie existiert oder wenn ja, es sei nichts übriggeblieben von ihr oder sie sei irgendwoanders – da war sie, Li-jien! Aber Davids Stimmung war gedämpft, er dachte an die Berg- und Talbahn.

Erneut sieht er sich Professor Guans Karte an, ja, der erste der beiden Orte hatte die richtige Lage. Über gepflügte Felder gehen wir auf die Mauern zu. Aus einer Entfernung von einem Kilometer sehen einige der zerfallenen Abschnitte wie die Monolithen von Stonehenge aus. David lacht in sich hinein: »Und sie sagten, es sei nichts übriggeblieben. Ich habe immer auf ein paar Steine, vielleicht einige Grundmauern gehofft, aber dies ist unglaublich.«

Wir gehen auf die Mauern zu, die drei- bis viermal so hoch sind wie ein Mensch und manchmal hundert Meter lang. Ihre Silhouette hebt sich gegen den Himmel ab. Als wir näherkommen, erkennen wir noch mehr Mauern, die ein großes, leeres Rechteck umgeben. Durch einen zerfallenen Abschnitt im nördlichen Teil der Mauer betreten wir die Stadt. David legt zum Gruß seine Hände auf die Steine. Er will gerade auf einen der Steine klopfen, wie ihn Professor Guan gebeten hatte, als er aufblickt und sieht, daß der stellvertretende Direktor den Kopf schüttelt.

Es ist zu früh. Sollen sie doch ihre Macht zeigen, für heu-

Reste der Mauern von Li-jien, das um 35 v. Chr. von römischen Legionären erbaut wurde und bis etwa 746 n. Chr. existierte. In den Löchern steckten einst Tragebalken für das zweite Stockwerk.

te, sie haben ihr Gesicht verloren, denn hier gibt es bedeutende Ruinen, und sie hatten gesagt, es gebe nichts.

Die Mauern werden gemessen und die Angaben, *Nord-Süd 108; Ost-West 68,* vom Kultursekretär notiert. Wir bekommen die Erlaubnis, auf die Mauern zu klettern, um einen Überblick über die Ruinen zu erhalten. Es ist keine sehr große Anlage, aber für eine Garnison mittlerer Größe gerade ausreichend.

Es war Brauch, eine zentrale Verteidigungsanlage zu bauen und außerhalb der Mauern auf Gehöften zu leben. Die Soldaten wohnten auf ihrem Grundbesitz und benutzten die befestigte Stadt als Nachschubbasis und Zitadelle in Notzeiten. In den Mauern befinden sich in regelmäßigen Abständen Löcher, wo große Holzstämme den Fußboden des oberen Stockwerks stützten. Vielleicht waren es auch Stalldächer.

»Sehen Sie sich das an«, meint der Kultursekretär, der in seiner Hand eine Tonscherbe hält. »Dem Modell nach aus der Han-Dynastie.« Das ist die Arbeit eines Töpfers, der seit 2000 Jahren tot ist. Obwohl die Versuchung unerträglich ist, erinnert sich David an die Warnungen, daß er nichts aufheben darf, also läßt er seine Hände in seinen Taschen und dreht sich um, als der Kultursekretär weitere acht Tonscherben aufhebt. Wenn so viel an der Oberfläche liegt, was steckt dann unter der Erde?

Wenn man durch das Südtor talaufwärts blickt, hat man den Eindruck, in der Ferne eine niedrige Steinmauer erkennen zu können. Sie ist mindestens einen Kilometer weit weg und im Dunst der Wüste nur undeutlich zu sehen. Der Kultursekretär stellt sich im Torweg neben David, dreht seinen Kopf in Richtung der Mauern in der Ferne. »Das ist *Hung Si Ai,* die ›Rote Felsenfestung‹«, sagt er. »Sehen Sie die Felswände neben den Mauern?« Die rote Färbung ist unverwechselbar. Angesichts der phonetischen Unklarheiten ist es sicherlich nicht falsch, *Rote Felsenfestung* mit *Rote Felsen-burg* gleichzusetzen.

David wird von seiner Erregung fast übermannt. »Wie sehr wünsche ich, daß Professor Guan hier sein könnte. Der heutige Tag gehört ihm.« Er wendet sich an die Beamten, die jetzt zusammenstehen. »Können wir uns die Festung aus der Nähe ansehen?« Sie beraten sich, seine Bitte wird abgelehnt. Sie sind noch immer verlegen. Aber das ist

Li-jien. Blick vom Südtor mit den beiden Personen in Richtung Westen. Deutlich zu erkennen ist die rechteckige Anlage der Siedlung.

David Harris, der Entdecker von Li-jien, mit einem chinesischen Begleiter vor der Lehmziegelmauer nahe dem Südtor.

jetzt nicht wichtig. Jeder Schritt auf der langen Suche nach Li-jien hat bisher für ihn noch unerreichbare Entdeckungen gebracht. David Harris hat seinen Gral gefunden. Er steht dort, wo die Menschen von Li-jien im alten China lebten, lebendig, inmitten fremder Geister.

Er kehrt dem Tal, den Mauern seinen Rücken zu und geht langsam zum Dorf zurück, allein. Morgen werden sie das Gebiet überfliegen und die Luftaufnahmen machen, die Nachricht wird sich verbreiten, und andere werden eilig behaupten, sei seien hier gewesen. Der Augenblick der Entdeckung ist auch der Moment des unwiederbringlichen Verlustes. Nun ist die Zeit da, seinen Traum aufzugeben und ihn den Bürokraten und Wissenschaftlern zu überlassen.

Bei seiner Rückkehr nach Lanzhou wird er von Professor Guan erwartet. Anfangs glaubt David, daß der alte Mann wegen der Neuigkeiten, die er mitgebracht hat, so erregt ist. Aber das trifft nur zum Teil zu. Er ist wie ein kleiner Junge, der ein Geheimnis hat, das er unbedingt erzählen will. In Wirklichkeit hat er nicht nur eine, sondern zwei überraschende Entdeckungen gemacht.

»Ich habe mir die Arbeiten von Tung Pao noch einmal angesehen, um Informationen über das Gemälde zu finden, das dem Han-Kaiser Yuan gezeigt wurde und auf dem die von

Lücke in den Festungsruinen von Li-jien.

General Ch'en T'ang gefangengenommenen Söldner dargestellt waren. Wir wissen, daß das Gemälde beim Zusam-
menbruch der Han-Dynastie um 23 n.Chr. zerstört wurde.
Aber David, man hatte Nachbildungen auf Terrakotta angefertigt, und jene Tafeln existieren noch! Sie wurden vor fast
hundert Jahren, etwa zur Zeit des Boxeraufstandes, nach
Kanada geschafft. Wenn wir jene Tafeln finden, werde ich mit
meinen eigenen Augen die Soldaten sehen, die das Tor zur
Stadt des Jzh-Jzh verteidigten.«

David ist wie gelähmt. Er hatte gehört, daß es Nachbildungen des Gemäldes geben sollte, doch hatte er angenommen, daß sie längst verlorengegangen waren. Und da ist
noch etwas. Der Professor holt tief Luft. »Von wann haben
Sie den letzten Hinweis auf die Bewohner von Li-jien?« David wundert sich über diese Frage. »746 n.Chr., als sie von
den Tibetern überfallen wurden, warum?« Der alte Mann
strahlt, als er die Notizen aus seiner Tasche holt. »Ich habe
viel spätere Hinweise auf die Menschen gefunden, die sich
Römer nannten.« David ist überrascht. »Wie spät?« Der
Professor überfliegt seine Aufzeichnungen und blickt auf.
»1949 und noch später.«

Die beiden Männer sitzen schweigend da, Gedanken
schwirren ihnen durch den Kopf. Dann sagt David ruhig:
»Li-jien läßt uns einfach nicht los, nicht wahr, alter Freund?«
Die Suche geht weiter. Professor Guan nimmt Davids Hand
zwischen seine knochigen Hände und sagt: »Li-jien kann
nicht Ihnen oder mir oder einem einzelnen oder einer
Institution gehören. Sie haben Ihr Heimatland und ich habe
meines, aber wir sind Bürger der Welt, denn wir suchen
nach der Wahrheit. Die Wahrheit gehört der Menschheit.«

»Laßt uns dem Herrn singen, denn er hat eine herrliche Tat getan, Roß und Mann hat er ins Meer gestürzt« (Ex. 15,21).

Helga Lippert

Tod im Schilfmeer

Mose und die Wunder der Wüste

Ein Mythos im Fadenkreuz

Wie viele Menschen auf dieser Welt seinen Namen kennen, kann man nur vermuten. Zumindest die Anhänger der drei großen monotheistischen Weltreligionen wissen um die wunderbaren Geschichten über ihn und sein Volk. Und das sind – statistisch gesehen – mehr als zweieinhalb Milliarden Gläubige. Hierzulande steht er auf dem Lehrplan jeder Schule.

Allein die ersten sechs Bücher der Bibel erwähnen ihn über siebenhundertmal. Theologen, Philosophen, Archäolo-

gen, Naturwissenschaftler, Psychologen, Schriftsteller, Maler, Bildhauer und Regisseure, Juden, Christen und Moslems haben versucht, diese Figur immer wieder neu zu interpretieren und ihr Geheimnis zu lüften. So gehen die Veröffentlichungen über ihn in die Tausende. Und dennoch ist das Ergebnis gleich Null. Niemand konnte bislang seine wissenschaftlich haltbare Lebensgeschichte schreiben, fast alles bleibt Spekulation.

Mose mit den Gesetzestafeln. Aus der Bibel von Gustave Doré.

Es ist eine der bedeutendsten Gestalten der Religionsgeschichte, die solcherart Superlative auf sich vereinigt: Mose, der, folgt man der Bibel, gegen alle Widerstände aus ägyptischer Knechtschaft führte.

Was also bewegt einen Fernsehjournalisten, in diesen Wust von Thesen und Gegenthesen einzusteigen?

Glaubt man populärwissenschaftlichen Autoren, so scheint es ganz einfach, den Weg der Israeliten aus Ägypten zu verfolgen und die vermeintlichen Wunder auf natürliche Weise zu erklären.

Aber, um es salopp zu sagen: Auch wir haben Mose nicht getroffen. Doch das Eintauchen in die mannigfaltigen Theorien, die Begegnung mit hervorragenden Fachwissenschaftlern verschiedener Nationen, das intensive Erleben der Wüste Sinai in der Obhut von Beduinen, ja sogar die gerade bei diesem Thema immer wieder aufbrechenden Animositäten zwischen Ägyptern, Jordaniern und Israelis – all dies machte die Beschäftigung mit einem schwierigen Stoff zum Abenteuer.

Und so ist es mir jetzt, nach Abschluß der Dreharbeiten, gar nicht mehr so wichtig, unbedingt die genaue Route des Exodus, des Auszugs aus Ägypten, zu kennen.

Man muß davon ausgehen, daß sich in dem Bibelbericht Kenntnisse und Erfahrungen verschiedener Zeiten und Autoren niedergeschlagen haben. Vieles ist heute, etwa aufgrund von Landschaftsveränderungen, nicht mehr nachvollziehbar; anderes, wie zum Beispiel das Leben, das Überleben in einer sogenannten Wüste, sehr wohl.

So sehe ich inzwischen die Erzählungen des Alten Testaments mit anderen Augen. Sie erscheinen gar nicht mehr so unvorstellbar, so märchenhaft. In einer Landschaft wie dem Sinai wird man demütig und dankbar für jene »Wunder«, die wir letztendlich doch noch mit eigenen Augen sehen durften.

Der »historische« Mose – Fehlanzeige?

Fände ein ähnliches Ereignis wie der Auszug aus Ägypten heute statt, kann man sich die Schlagzeilen der Boulevardblätter lebhaft vorstellen: »Feuer, Blut und Tod – die Strafen des Himmels«, »Magier killt Pharao«, »Die unheimliche Flucht der Gastarbeiter« oder »Gerettet vor der Übermacht – das Wunder am Schilfmeer«.

Doch vor 3000 Jahren gab es noch keine unmittelbare Berichterstattung. Die Erzählungen über den Auszug aus Ägypten wurden erst mehrere hundert Jahre nach dem vermuteten Ereignis niedergeschrieben. Und die Angaben in der Bibel sind so wenig konkret, daß es auf die Frage nach dem historischen Mose fast so viele Antworten wie Forscher gibt: unzählige.

Im Grunde haben die Wissenschaftler, wie auch die großen monotheistischen Weltreligionen, eher »Bilder« die-

Landschaft im Sinai.

ses Mannes entworfen, die sich je nach religiöser Tradition oder persönlicher Frömmigkeit der Verfasser fundamental voneinander unterscheiden. Einige Autoren wollen beweisen, daß »die Bibel doch recht hat«, andere stellen sie gar radikal in Frage.

In der neueren Forschung setzt sich immer mehr die Idee durch, die Geschichte Israels als Geschichte der Institutionen, als Ergebnis anonymer kultureller und sozialer Prozesse aufzufassen und nicht mehr die einzelne Persönlichkeit, das »religiöse Genie« als treibende Kraft und Träger großer geschichtlicher Entwicklungen anzusehen.

Schon die ältere Forschung hat die Frage »Wer war Mose?« ersetzt durch die einfachere Frage »Was war Mose?« Die Antworten lassen sich leicht auflisten: Mythische Gestalt; ursprünglicher Mondgott; eine Figur wie Gilgamesch, der frühgeschichtliche, göttlich verehrte Herrscher der Sumerer; Religionsstifter; Reformator; Ordens- und Volksgründer; Theologe; Zauberer; Gesetzgeber; Prophet; Priester; charismatischer Heerführer.

Der Hauptgrund für diese Vielfalt der Interpretationen liegt in dem, was Historiker die Quellenlage nennen. Das ist der Schlüssel zum Verständnis der Bibel. Wir haben ausschließlich die Berichte des Alten Testaments über Mose, die Persönlichkeiten, die ihn umgeben und die Ereignisse, in der er gestellt wird. Versuche, diese Ereignisse chronologisch zu rekonstruieren, müssen hypothetisch bleiben – weil es keine anderen zeitgenössischen Dokumente gibt.

Erschwerend kommt hinzu, daß die biblischen Quellen ihrerseits nicht ganz unumstritten sind. Was sind das für Quellen? Der *Pentateuch,* das heißt die ersten fünf Bücher der Bibel oder die fünf Bücher Mose: Genesis, Exodus, Leviticus, Numeri und Deuteronomium. (Bei der Angabe von Bibelstellen im folgenden Text benutzen wir die üblichen Abkürzungen.)

In der frühen jüdischen und christlichen Überlieferung führte man den *Pentateuch* auf Mose als Autor zurück. Diese Auffassung zogen einige kritische Leser aber schon vor 2000 Jahren in Zweifel. Heute vertreten nur noch äußerst konservative oder biblizistisch orientierte Theologen eine solche Auslegung.

Die Wissenschaftler einigten sich in den vergangenen hundert Jahren wenigstens über das Alter der am *Pentateuch* beteiligten Schriften. Sie unterscheiden drei verschiedene Quellen:

- Jahwist: früher als Jerusalemer Theologe am Hof Salomons gesehen (10. Jahrhundert v.Chr.); heute ist diese Datierung aber sehr umstritten und wird um Jahrhunderte später angesetzt.
- Elohist: ein unvollständig erhaltenes Werk des 8. Jahrhunderts vor Christus aus dem Nordreich Israels.
- Priesterschrift: die umfassendste Darstellung und gleichzeitige Grundlage für die Gesamtredaktion aus dem babylonischen Exil des 5. Jahrhunderts vor Christus.

Hinzu kommt eine teilweise parallele Gesamtschau der Wüstenwanderung im Buch Deuteronomium aus dem 7./6. Jahrhundert vor Christus.

Doch selbst diesen Forscherkonsens stellt neuerdings die Auffassung in Frage, die fünf Bücher Mose seien im wesentlichen ein Kompromißwerk von Theologen des Exils. Demnach hätten sich alle wesentlichen Elemente der Religion Israels nicht vor der Einwanderung nach Palästina gebildet, sondern erst 800 Jahre später! Und die Darstellung der Frühzeit wäre nach diesem Konzept nichts weiter als eine nachträgliche Konstruktion.

Selbst wenn man sich dieser radikal kritischen Sicht nicht anschließt, bleibt es schwer, einen sicheren historischen Zusammenhang herzustellen. Zu sehr sind die Texte geprägt von sagenhaften Einzelelementen, wunderhaften

Das Terra-X-Team auf den Spuren Mose.

Zügen und einer aus dem Glaubensbekenntnis erwachsenen Sicht.

Man muß sich wohl von der Vorstellung freimachen, ein einzelner Chronist habe die ältesten Annalen auf Papyrus niedergeschrieben. Wichtigster Bestandteil der frühen Phase ist zunächst die mündliche Überlieferung; die Abfolge der schriftlichen Fixierung dagegen ist äußerst kompliziert und schwer zu rekonstruieren. Hinzu kommt, daß die verschiedenen Verfasser bestimmte Vorstellungen von historischen Abläufen und konkreten Gegebenheiten, etwa der Wüste oder des Fluchtweges aus Ägypten, gehabt haben müssen. Das heißt, sie stellten ihre eigene zeitgeschichtliche, geographische und soziologische Umwelt dar. Auch sie wußten schon nicht mehr, wo sich die Ereignisse zugetragen hatten, waren sozusagen die ersten Lokalisatoren des Exodus.

Keine ägyptische Dokumentation erwähnt den Namen oder die Person Mose oder die Geschichte des Auszugs. Auch syro-palästinische Inschriften und Keilschrifttexte schweigen sich darüber aus. In dieser Zeit lebt das Volk Israel noch zu sehr am Rande der allgemeinen Geschichte.

Spätgriechische Quellen scheinen nichts anderes als freie Entfaltungen der biblischen Tradition zu sein. Einzig die Angaben des ägyptischen Priesters Manetho aus dem 3. Jahrhundert vor Christus könnten auf einer ausgesprochen ägyptischen Tradition beruhen; ihre Interpretation bereitet jedoch große Schwierigkeiten. Herodot, der griechische Geschichtsschreiber des 5. Jahrhunderts vor Christus, weiß nichts von Mose. Diodorus Siculus, Geschichtsschreiber im 1. Jahrhundert vor Christus, macht aus Mose zwar einen großen Gesetzgeber, hält sich aber offensichtlich auch einfach nur an die israelitische Tradition. Bibelwissenschaftler und Ägyptologen haben sich zwar immer wieder bemüht, Beziehungen zu den Geschichten des Alten Testaments herzustellen, um wenigstens den »Pharao des Exodus« zu bestimmen. Doch selbst in dieser Frage gibt es keine einheitliche Meinung; das Angebot umfaßt einen Zeitraum von mehreren hundert Jahren.

Auch die Archäologen haben kein einziges Fundstück vorzuweisen, das den Auszug aus Ägypten dingfest machen könnte. Irgendeine Nennung einer biblischen Figur − selbst auf der kleinsten Scherbe − wäre eine der größten Sensationen des 20. Jahrhunderts!

Nach dem Studium unzähliger Bücher und Fachartikel war mir zunächst nur eines klar: alle Theorien, und seien sie noch so abwegig, klingen irgendwie plausibel, wenn sie nur überzeugend genug vorgetragen werden. Das heißt, am und mit dem Alten Testament kann man alles und nichts beweisen. Mit dieser Hypothek belastet, fühlte ich mich zuweilen wie im Schilfmeer: Einmal schlugen die Wogen der Wissenschaft über mir zusammen, dann wieder sah ich einen Hoffnungsschimmer, doch noch den Weg ans rettende Ufer zu finden. Und so machten wir uns auf nach Ägypten, den verwehten Spuren eines Mannes namens Mose zu folgen.

Die wunderbare Rettung des Retters

Von all diesen Zweifeln werden die beiden Ägypterinnen auf der Nilinsel »Pharaonic Village« in Kairo nicht geplagt. Dort will man Touristen, optisch sehr eindrucksvoll, das alte Ägypten nahebringen. Junge Menschen in Kostümen agieren vor entsprechender Kulisse, zum Beispiel als Priester oder Handwerker. Wenn die Schiffe mit den Besuchern an Bord langsam durch den papyrusgesäumten Kanal gleiten, vorbei an nachgebildeten Götterstatuen, machen sich die Damen startklar. Und was sieht man? Die Dienerin holt fürsorglich ein »Kind« aus dem Schilfkörbchen am Wasser und legt es der Tochter des Pharao in die Arme. Dann fällt die Plastikpuppe wieder krachend zurück in den Korb. Bis das nächste Schiff kommt...

Die Geburtsgeschichte Mose! So, wie sie uns in der Bibel (Ex. 2,1-10) erzählt wird und sehr schön gestaltet. Doch sie steckt voller historischer Unwahrscheinlichkeiten und trägt den Stempel der Sage. In ägyptischen Märchen und Mythen gibt es eine Fülle von Gegenstücken. Engste Berührung hat die Geburtsgeschichte Moses merkwürdigerweise mit der des babylonischen Königs Sargon – um 2840 vor Christus. Sargon kam in den armenischen Bergen zur Welt; die Eltern sind unbekannt. Seine Mutter legte ihn in ein Kästchen aus Rohr, verschloß es mit Erdpech und ließ es den Euphrat abwärts schwimmen. An der Mündung fischte der Gärtner Akki den kleinen Sargon auf, nahm ihn an Sohnes Statt an und machte ihn zu seinem Diener. Die Göttin Ischtar gewann Sargon lieb und gab ihm die Herrschaft über Babylon. Umstritten, aber erwähnenswert ist, wie Sigmund Freud und sein Schüler Otto Rank die Geschichte um Mose deuten. Rank veröffentlichte 1909 auf Anregung Freuds eine Schrift mit dem Titel »Der Mythus von der Geburt des Helden«, auf die sich Freud in seiner Abhandlung »Der Mann Moses und die monotheistischen Religionen« bezieht.

Danach verherrlichten fast alle bedeutenden Kulturvölker ihre Helden, sagenhaften Könige und Fürsten, Religionsstifter, Dynastie-, Reichs- und Städtegründer in Dichtung und Sage. Besonders schmückten sie die Geburts- und Jugendgeschichten aus, deren verblüffende Ähnlichkeit, ja teilweise wörtliche Übereinstimmung, bei verschiedenen, weit voneinander getrennt lebenden und völlig unabhängigen Völkern jedem Forscher längst bekannt ist.

Die beiden Familien in solchen Mythen – die vornehme, meist königliche, in die das Kind hineingeboren und die einfache, niedrige, von der es aufgezogen wird – sind nach Freuds psychoanalytischer Deutung als Symbole zu verstehen: Jeder junge Mensch durchlebt in den ersten Lebensjahren die Überschätzung des Vaters als König, später unter dem Einfluß von Rivalität und realer Enttäuschung die Ablösung von den Eltern und eine kritische Einstellung zum Vater. Die verschiedenen Eltern spiegeln also nur die eigene Familie, wie sie dem Kind in aufeinanderfolgenden Lebensphasen erscheint.

Einen gravierenden Unterschied zu ähnlichen Sagen gibt es in der Mosegeschichte aber doch: Hier sind die leiblichen Eltern von geringer Herkunft; erzogen wird der Knabe dann am ägyptischen Königshof. Die Abweichung vom üblichen

Die Rettung Mose. Aus der Bibel von Gustave Doré.

Typus bringt den jüdischen Wissenschaftler Freud hinsicht-
lich eines historischen Mose zu dem Schluß: »Mose ist ein –
wahrscheinlich vornehmer – Ägypter, der durch die Sage
zum Juden gemacht werden soll.«

Dieser Meinung schließt sich auch der Schriftsteller Johannes Lehmann in seinem gerade für theologische Laien
äußerst spannend geschriebenen Buch »Moses – der Mann
aus Ägypten« weitgehend an.

Die Mosegeschichte charakterisiert aber noch eine
zweite Besonderheit: Während sich der Held sonst im Laufe seines Lebens über die niedrigen Anfänge erhebt, beginnt
das Heldenleben des Mannes Mose damit, daß er aus einer
königlichen Umgebung hinabsteigt zu seinem Volk, um es
aus der Knechtschaft zu retten.

Vom Mörder zum Gesetzgeber

So unvorstellbar eine solche »Karriere« auch sein mag, die
Bibel setzt sie im Schicksal Mose mühelos ins Bild. Schreiben wir zur Erinnerung seinen »Steckbrief«:

Der Name ist ägyptisch. Geschichtliche Figuren wie die
Pharaonen Ahmose und Thutmose tragen das »Mose« in
ihrem Namen.

Mose allein, abgeleitet vom ägyptischen *msj* (= gebären),
heißt eigentlich nur »Kind«. Umstritten bleibt die etymologische Erklärung des Wortes aus dem hebräischen *Maschah*
(= herausziehen). Das wird der Pharaonentochter in den
Mund gelegt, als sie dem Findling seinen Namen gibt: »Denn
ich habe ihn aus dem Wasser gezogen« (Ex. 2,10).

In der Geburtssage erfahren wir nur, daß die leiblichen
Eltern dem Stamm Levi angehören. Erst sehr viel später, in
einem der langatmigen Geschlechterregister, heißt der Vater plötzlich Amram und die Mutter Jochebed. Hier hat Mose auch zwei Geschwister: Mirjam und Aaron (Num. 26,59).

Lehmziegelherstellung im Touristendorf Pharaonic Village in Kairo.

Da Mirjam sonst »die Schwester Aarons« heißt, Aaron aber »Bruder Moses«, dürften beide mit Mose nicht wirklich verwandt gewesen sein.

Und auch die Namen der Eltern müssen als nachträgliche Ergänzung gesehen werden.

Unmittelbar auf die Geburtslegende folgt der Mord. Aber da ist Mose schon ein erwachsener Mann. Über die Zwischenzeit berichten weder Altes Testament noch Koran irgend etwas. Die Adoption des Knaben durch die Tochter des Pharao bedeutet eigentlich, daß Mose als ägyptischer Prinz erzogen wurde. Philo von Alexandrien, ein Zeitgenosse Jesu, und auch der jüdische Geschichtsschreiber Flavius Josephus sehen ihn sogar als Thronerben. Er befehligt ein ägyptisches Heer und besiegt die eingedrungenen Äthiopier.

Einen Hinweis auf Moses frühes Wirken im Pharaonenreich gibt es in der Bibel aber doch, vermutlich aus einem anderen Sagenkreis: Mirjam revoltiert zusammen mit Aaron gegen Mose, weil er eine Kuschitin, eine dunkelhäutige Äthiopierin, geheiratet hat (Num. 12,1-15). Wann und wie sollte er das getan haben? Im zweiten Buch Mose geht die Geschichte ganz anders weiter. Da begibt er sich zu »seinen

Beduinenfrau am Brunnen: Mose traf Zippora, als sie das Vieh ihres Vaters tränkte.

Brüdern«, den hebräischen Fronarbeitern. Hat er die ganze Zeit um seine eigentliche Herkunft gewußt? Auch darüber erfahren wir nichts. Mose erschlägt einen ägyptischen Aufseher, weil der einen der Hebräer quält, und verscharrt die Leiche im Sand. Als der Pharao davon erfährt, flieht Mose zu den Midianitern, heiratet dort Zippora, die Tochter des Priesters, und lebt eine Weile als Hirte.

Im Dornbuscherlebnis offenbart sich ihm Gott Jahwe und beauftragt ihn, nach Ägypten zurückzukehren und sein Volk aus der Knechtschaft zu befreien. Doch erst nachdem Jahwe Plagen über das Land am Nil geschickt und als letzte Strafe jede Erstgeburt der Ägypter getötet hat, läßt der Pharao die Hebräer zunächst ziehen; dann aber verfolgt er sie doch noch und versinkt mit seinem ganzen Heer im Schilfmeer.

Die Israeliten durchqueren das Wasser unbeschadet; auf ihrem langen Zug durch die Wüste erleben sie nicht nur einmal die wunderbare Rettung aus allerlei Not.

Am Berg Sinai erhält Mose von Jahwe die Zehn Gebote. Hier wird er zum Gesetzgeber und stiftet einen Bund zwischen diesem Gott und seinem Volk, das er vierzig Jahre durch die Wüste bis hin zum Land Kanaan führt. Mose darf dieses Land zwar noch schauen, aber nicht mehr betreten. Er stirbt im Alter von 120 Jahren am Berg Nebo im heutigen Jordanien. Gott selbst nimmt ihn zu sich; ein irdisches Grab gibt es nicht. Während die Eltern Moses nicht mehr erwähnt werden, ziehen seine »Geschwister« Aaron und Mirjam mit durch die Wüste.

Mirjam wird eine der vielleicht ältesten Dichtungen des Alten Testaments zugeschrieben, ein sehr kurzes, offenbar beim Vortragen oftmals wiederholtes Siegeslied über die Errettung am Schilfmeer: »Laßt uns dem Herrn singen, denn er hat eine herrliche Tat getan, Roß und Mann hat er ins Meer gestürzt.« (Ex. 15,21)

Obwohl es umstritten bleibt, dieses Lied auf Mirjam zurückzuführen, könnte es doch schon sehr früh, also in der Wüstenzeit, entstanden sein. Als Beweis für ein historisches
Geschehen ist es jedoch nicht zu werten.

Auch in der Figur der Mirjam überschneiden sich verschiedene Sagen und Überlieferungsstränge. Als sie zusammen mit Aaron gegen die kuschitische Frau Moses revoltiert, bestraft Gott sie mit Aussatz, heilt sie dann aber
wieder – auf Fürbitte Moses. Später stirbt Mirjam in der
Oase Kadesch Barnea (Num. 20,1). Eine andere Bibelstelle
(Micha 6,4) erwähnt sie sogar neben Mose und Aaron als
Führerin Israels beim Auszug aus Ägypten.

Aaron wird streckenweise sogar als Doppelgänger Moses dargestellt. Schon bei den Auseinandersetzungen mit
dem Pharao assistiert er dem wenig sprachgewandten Mose als Vermittler, als sein »Prophet«. Er steht Mose beim

Eine Laune der Natur: »Das Goldene Kalb«, nahe beim Katharinenkloster.

Zug durch die Wüste zur Seite und stützt dessen Arm in der Schlacht gegen die Amalekiter.

Auch Aaron darf Gott schauen. Dann aber stellt er unter dem Druck des Volkes ein goldenes Kalb her und läßt den Götzendienst der Israeliten zu. Zur Strafe stirbt er auf dem Berg Horeb im Alter von 123 Jahren (Num. 20,23-29; 33,39; Dtn. 32,50). Josua wird der Nachfolger Moses in der Führung des Volkes. Er bringt die Wüstenwanderer schließlich ins gelobte Land.

Gerade die Rolle Aarons – als Schatten Moses, als sein ständiger Begleiter und Gehilfe – macht das Ineinandergreifen verschiedener Schriften deutlich. Hier spiegelt sich der Einfluß der späteren Priesterschaft. Denn Aaron ist so etwas wie ihr Urahn: der erste Hohepriester Israels.

Theologen arbeiten seit Jahrhunderten daran, die komplizierte Verknüpfung der Quellen zu entwirren. Doch wo bleibt der historische Kern?

Die »Sandläufer« – ein Trauma der Ägypter

Ägyptische Texte erzählen zwar nichts von den Israeliten der Bibel, bestätigen aber den Aufenthalt von Semiten im Land am Nil. So rücken die Geschichten des Alten Testaments aus dem Reich der Legende immerhin in eine vorstellbare Realität. Die vorübergehende Einwanderung von »Asiaten« – gemeint sind in erster Linie Beduinen, also Nichtseßhafte, die Viehzucht und ein wenig Ackerbau betreiben – scheint nichts Ungewöhnliches gewesen zu sein. Die Ägypter als Kulturlandbewohner nannten diese Menschen verächtlich »Sandläufer«.

Wenn der Regen ausblieb und eine Hungersnot drohte, zogen die Beduinen mit ihren Herden ins fruchtbare und wasserreiche Land am Nil. An der streng kontrollierten

Grenze erhielten sie vermutlich nur eine »befristete Aufenthaltserlaubnis«. So notiert ein Grenzbeamter um 1190 vor Christus: »Wir sind damit fertig, die Schasu-Stämme aus Edom bei der Festung des Pharao durchziehen zu lassen, damit sie und ihr Vieh an den Wasserstellen des Amuntepellandes am Leben bleiben. Ich habe ihre Namen aufgeschrieben und das Dokument dorthin bringen lassen, wo mein Herr ist.« Mit diesen Schasu-Stämmen müssen wir uns später noch genauer befassen.

Manchmal schlagen auch heute noch Beduinen ihre Zelte im fruchtbaren Nildelta auf.

Kriegsgefangene Asiaten mit dem Spitzbart als typischem Kennzeichen. Darstellung im Tempel von Karnak.

Schon im Alten Reich, also im 3. Jahrtausend vor Christus, bauten die Pharaonen am Ostrand des Nildeltas eine Schutzmauer mit Festungsanlagen. Um 2000 wurde das Bollwerk instandgesetzt, weil »Asiaten mit Gewalt kommen, die Bauern bei der Ernte schädigen und ihre Gespanne beim Pflügen rauben«. Danach herrschte wieder Ordnung. Denn jetzt mußten die Beduinen »wieder um das Wasser bitten, wenn sie ihr Vieh tränken wollen«.

Auch der altägyptische Arzt Sinuhe erwähnt diese Grenze in der berühmten Erzählung über seine Flucht durchs östliche Nildelta auf die Halbinsel Sinai: »Ich gab meinen Füßen den Weg nach Norden und kam heran an die Mauern des Herrschers, die gemacht wurden, um die Beduinen abzuwehren und die Sandwanderer niederzuschlagen. Ich kauerte mich im Gebüsch aus Furcht, daß mich einer der Wächter auf der Spitze des Turmes sehen könnte. Als es dunkel war, ging ich weiter. Ich ließ mich nieder an einer Insel des Bittersees. Es ereilte mich, daß ich vor Durst umfiel. Da richtete ich mein Herz auf, da riß ich meinen Körper zusammen, als ich Herdengebrüll hörte und Beduinen erblickte. Ihr Scheich, der früher schon einmal in Ägypten war, erkannte mich. Er gab mir Wasser und kochte mir Milch. Ich ging mit zu seinem Stamm. Gut war, was sie mir taten.«

Im 17. Jahrhundert vor Christus nützte den Ägyptern ihre imposante Mauer allerdings nichts mehr. Damals fielen die Hyksos, ein asiatisches Reitervolk, ins Land ein; sie übernahmen sogar für zweihundert Jahre die Macht am Nil. Seitdem wurde die Vorstellung einer Bedrohung aus dem Osten für die Pharaonen zu einem regelrechten Trauma. Woher die Hyksos genau kamen, weiß man nicht. Ihre Überlegenheit gründete sich hauptsächlich auf neue Waffen, gegen die die Gegner machtlos waren: die Hyksos hatten zusammengesetzte Bogen, sehr wirkungsvoll waren jedoch vor allem die pferdebespannten Streitwagen. Bei der Verfolgung der

Israeliten versanken die Ägypter mitsamt solchen Kampfwagen im Schilfmeer – auf dem Weg zum Sinai.

Diese Halbinsel war jedoch nicht nur unwirtlicher Lebensraum für die Beduinen; sie übte auch jahrtausendelang eine magische Anziehungskraft auf die Pharaonen aus.

Der Sinai als Rohstofflager

Zum Greifen nah funkeln die Sterne. Ein hoher kalter Vollmond malt gespenstische Bergschatten in den Sand der Hochebene. Das fahlweiße Licht blendet erbarmungslos, selbst wenn man die Augen schließt. Keiner von uns kann schlafen in dieser Nacht unter freiem Himmel. Beim Anbruch der Dämmerung wühlen wir uns frierend aus den Decken. Die Beduinen haben bereits Tee gekocht. Dann beginnt der Aufstieg.

Unregelmäßige, in den Berg gehauene Stufen wechseln ab mit schmalen, direkt am Fels entlanglaufenden Simsen. Nach gut einer Stunde erreichen wir das Plateau und blicken in das steinerne Antlitz einer Göttin. Die ersten Strahlen der Sonne, so scheint es, lassen sie lächeln.

Wir sind im Sinai, genauer gesagt: in Serabit el Khadim, vor dem Tempel der kuhohrigen Hathor, der »Herrin des Türkis«. Hier ließen die Könige des Mittleren und Neuen Reiches zwischen 2000 und 1100 vor Christus die begehrten Halbedelsteine fördern. Der Bergbau war Staatsmonopol und brachte großen Gewinn. Da das Nilland selbst arm an Rohstoffen ist, bezogen schon die Pharaonen des Alten Reiches ab 3000 vor Christus Türkise, Malachit und Kupfererze aus dem Sinai. Sicher stellten die Ägypter keine eigene geologische Erforschung des Gebiets an; sie folgten einfach mit den Nomaden der Spur der Steine.

In der frühen Zeit beutete man zunächst die Minen im Wadi Maghara aus, 17 Kilometer südwestlich von Serabit gelegen. Diese ersten Expeditionen verliefen offenbar nicht immer friedlich, denn die Ägypter stießen im Sinai auf die Urbevölkerung. Die Arbeiter im Wadi Maghara bauten ihr Camp geschützt auf einen steilen Berg und umgaben es zudem mit Befestigungsmauern.

Zwei Reliefs von Pharao Sechemhet (2686–2613 v.Chr.) könnten auf solche Spannungen mit den Einheimischen hinweisen: Der Ägypter schwingt in der rechten Hand die Kampfkeule, mit der Linken umklammert er den Haarschopf eines Feindes. Vielleicht hatten die hoch oben in die Felswand gemeißelten Bilder mit der stereotypen Zerschmetterung des Gegners aber auch magische Funktion oder sollten die Angreifer abschrecken.

Die wenigen Besucher fahren heute mit Geländewagen in diese verlassene Gegend und halten sich meist nur kurz-

Die kuhohrige Göttin Hathor wurde in Serabit el Khadim als »Herrin des Türkis« verehrt.

fristig auf. Zu Zeiten der ägyptischen Expeditionen allerdings muß es hier die Wintermonate über von Menschen nur so gewimmelt haben. Zwischen 500 und 1400 Kumpel schufteten pro Saison in den Minen von Serabit. Das wissen wir aus Inschriften. Eine ungeheure Anforderung an das Organisationstalent der Beamten, allein die Versorgung mit Wasser und Nahrungsmitteln sicherzustellen. Wie mühsam schien es uns schon, die Kameraausrüstung und einen Tagesproviant hinaufzuschaffen!

Oben: *In die öde Felslandschaft des Serabit el Khadim schickten die Pharaonen ihre Expeditionen.*

Gegenüber: *Auf den Stelen des Hathor-Tempels in Serabit verewigten sich Pharaonen genauso wie Expeditionsleiter.*

Unten: *Das alte und das 1973 wiederentdeckte unvollendete Relief von Pharao Sechemhet aus dem Alten Reich, hoch oben in der Felswand über Wadi Maghara.*

Doch als fanatische Bürokraten hatten die Ägypter ein solches Unternehmen fest im Griff. So gehörten nicht nur Bergleute zur Mannschaft, sondern auch Schreiber, Priester, Ärzte, Skorpionbeschwörer und Köche. Bauleute und Gärtner gestalteten den Tempel aus, in dem die Göttin Hathor und Sopdu, vermutlich ein sinaitischer Lokalgott, als »Herrscher des Ostens« verehrt wurden. Bildhauer meißelten im Auftrag des jeweiligen Expeditionsleiters Teilnehmerzahl, besondere Vorkommnisse, sowie Namen und Regierungsjahr ihres Pharao auf Stelen und stellten sie im Tempel auf.

Das Heiligtum – heute ein siebzig Meter langes Ruinenfeld – ist das einzige auf dem Boden der sogenannten »Fremdländer«, in dem man jahrtausendelang ägyptischen Göttern opferte. Wer sich je in der zugigen Einsamkeit

Kapelle mit Kultnische des sinaitischen Lokalgotts Sopdu (»Herr des Ostens«).

Beduinenjunge mit Rohtürkisen. Türkissuche ist heute mehr ein Nebenerwerb im Dienst der Touristen als ein Beruf.

Serabits unbarmherziger Sonnenglut oder frostigen Nächten ausgeliefert sah, kann sich die Ängste der Niltalbewohner vor der Gewalt einer übermächtigen Natur und damit die Bedeutung einer religiösen Zufluchtsstätte an diesem unwirtlichen Ort vorstellen.

Viele Denksteine erwähnen Dolmetscher und erzählen sogar von einer Zusammenarbeit mit den »Asiaten«. Die spätere Sammelbezeichnung *Retennu* umfaßt zahlreiche nahöstliche Nomadenvölker. Eigennamen und besondere Kennzeichnungen weisen sie der semitischen Sprachfamilie zu. »Chebded, der Bruder des Fürsten von Retennu«, ist mehrfach abgebildet: auf einem Esel reitend, in Begleitung zweier Diener. Solche Männer, so schließen die Forscher, verpflichteten die Ägypter wohl kaum als Saisonarbeiter, sondern offenbar als Verbindungsleute zu den Einheimischen oder als Wüstenkundschafter. Denn das Auffinden von Türkisadern verlangt jahrelange Erfahrung und detaillierte Ortskenntnis.

Vielleicht waren schon die Urahnen von Skeikh Barakat dabei, der uns mit einigen seiner Neffen an diesem Morgen in die alten Minen führt. Schon lange sind sie stillgelegt. Aber die Beduinen wissen noch um die Technik; ab und zu suchen sie Türkise für Besucher. Sie tragen genau die gleichen Werkzeuge wie die Menschen vor Jahrtausenden. Entlang unseres Weges sehen wir die Abbilder in den Fels geritzt. Geschickt klopfen die Jungen den hellgrünen Stein aus seiner unscheinbaren braunen Ummantelung. In den leeren Höhlen demonstrieren sie die schwere Fron, die jahrtausendelang Sklaven und Kriegsgefangene verrichten mußten. Und dann zeigen sie uns den wertvollsten Schatz.

Kumpel als Graffiti-Schreiber

In dieser einsamen, schroffen Bergwüste vollbrachten vermutlich einfache Arbeiter eine der größten Leistungen der Menschheit: die Erfindung des Alphabets!

1905 entdeckte ein Archäologe namens Flinders Petrie in den Fels gemeißelte Zeichen, die man, zur besseren Unterscheidung von den sehr viel jüngeren sinaitischen Inschriften aus der Nabatäerzeit, die protosinaitischen Inschriften nannte.

Es waren weder Hieroglyphen noch Keilschriftzeichen. Erst 1915 fand der Ägyptologe Alan Gardiner den Schlüssel zu ihrer Entzifferung. Welch genialer Einfall hinter diesen Inschriften steckt, können wir ganz einfach den dem Wort Alphabet ersehen:

Hieroglyphen sind eine Bilderschrift. Das heißt, jedes Zeichen meint ein bestimmtes Wort. *Alpu* zum Beispiel bedeutet Rind, Beth bedeutet Haus. Die Schreiber im Sinai übersetzten den Sinn dieser Bildzeichen ins Semitische. Danach wurde *Alpu* zu *Aleph*, *Beth* blieb *Beth* – hier gleichen sich beide Sprachen. Aber jetzt standen die Zeichen nicht

mehr für »Rind« und »Haus«, sondern nur noch für den An-
fangslaut des semitischen Wortes, also für a und b. So wurde eine Konsonantenschrift geschaffen; die Vokale, die erst
bei den Griechen Buchstabenform annahmen, ergänzte man
aus der Übung. (Im Semitischen ist dieses a – *Aleph* – kein
Vokal, sondern ein sogenannter Knacklaut.)

Die Phönizier entwickelten die Buchstabenschrift weiter; dann wurde sie von den Griechen übernommen. Die la-
teinische Form ist unser heutiges Alphabet.

Das Studium einer Bilderschrift mit ihren Tausenden von
Zeichen und Bedeutungen blieb bis dahin einer geistigen
und wirtschaftlichen Elite vorbehalten. Aber jetzt konnte
eigentlich jeder lesen und schreiben lernen! Eine wahre Revolution in der kulturellen Weiterentwicklung der Menschheit! Darin liegt die große Leistung der Buchstabenerfinder
vom Sinai.

*Unser wissenschaftlicher Berater, Dr. Andreas Reichert, erklärt die Buchsta-
benschrift in Höhle L.*

Verschnaufpause vor den Türkisminen in Serabit.

Wer waren diese Männer? Die Wissenschaftler und die Völker im heutigen Nahen Osten streiten darüber. Die meisten gehen davon aus, daß Kanaanäer um 1500 vor Christus die Zeichen in die Felsen ritzten. Doch bei der Magie des Wortes »Sinai« blieb es nicht aus, daß ein Forscher sogar Mose als angeblichen Graffiti-Schreiber enttarnte. Nach ihrer Flucht aus Ägypten seien die Israeliten nach Serabit gezogen, hätten dort Arbeit gefunden und damit ihr Überleben gesichert; so eine andere These. Beide Interpretationen sind natürlich reines Wunschdenken. Obwohl die Geschichte des Exodus schon seit Jahrhunderten erforscht wird, gibt es immer wieder neue Details, die das mühevolle Puzzle im Dienst der Wissenschaft ergänzen. Und wer weiß, was alles noch unentdeckt in der Einsamkeit der Wüste schlummert!

Neuerdings bringt man noch eine andere Felsdekoration mit Mose in Zusammenhang, wenn auch mit aller Vorsicht und Skepsis. 1972 fanden Mitarbeiter der israelischen Grabungsexpedition unter Leitung von Professor Beno Rothenberg im alten Kupferzentrum Timna nahe der heutigen Stadt Eilat ein Relief mit Inschrift. Ab dem 14. Jahrhundert schickten die Ägypter ihre Bergbauexpeditionen auch nach Timna. Sie rüsteten den Ort zu einem metallurgischen Industriegebiet auf. Später betrieb König Salomo diese Minen, wie wir aus der Bibel wissen.

Das Relief zeigt Ramses III. (1198–1166 v.Chr.) mit Hathor, die auch hier als Schutzgöttin verehrt wurde. Die einzeilige Inschrift unter dem Bild berichtet von einem *Royal Butler:* »Vollzug einer Inspektion durch den königlichen Hofbeamten, den seligen Ramesses-em-per-re«.

Diese Nachricht wird einen Laien sicher in keiner Weise aufregen. Doch die Deutung des Ägyptologen und Alttestamentlers Professor Manfred Görg rückt den Inspektor plötzlich in die Nähe biblischer Figuren. Demnach hat er – ein hoher Funktionär, sozusagen ein Diplomat am Hof Ramses' III. – in Timna nach dem Rechten gesehen. Sein Zweitname, der in einem anderen Text belegt ist, weist ihn als Semiten und damit als berufenen Kenner der örtlichen Szene aus. Er scheint sogar einem Stamm anzugehören, der sich ägyptischer Kontrollgewalt zu entziehen suchte, teilweise in Gefangenschaft geriet und versklavt wurde. Einzelnen Personen ist aber offensichtlich der Aufstieg in höhere Gesellschaftsschichten des Pharaonenreiches gelungen. Eine solche Karriere erinnert an Joseph. Laut Bibel verkauften ihn seine Brüder nach Ägypten, wo er am Königshof zu hohen Ehren kam.

Ramesses-em-per-re darf man in seiner Position und Funktion aber auch mit Mose vergleichen, sofern man den

Nachbildung des Reliefs von Timna mit der Inschrift des königlichen »Inspektors« Ramesses-em-per-re.

als Semito-Ägypter akzeptiert — mit administrativen Kontakten zu Asiaten in Ägypten einerseits und andererseits zu Schasu-Beduinen im Umfeld von Timna. Das läßt zwar keine euphorischen Schlüsse auf die Existenz des historischen Mose zu. Aber noch andere starke Indizien weisen darauf hin, daß der Einzugsbereich von Timna bedeutsam gewesen sein muß und die Überlieferungen des Alten Testaments nicht aus der Luft gegriffen sein können. Es sind vor allem zwei Kleinfunde aus Timna, die uns unmittelbar in die Mosezeit hineinversetzen: unscheinbare Tuchfetzen und ein Kultgegenstand aus Kupfer, ganze zwölf Zentimeter lang!

Im Zauber der Kupferschlange

Jeder Timna-Besucher kennt die grandiose Felsformation, die wir heute die *Säulen Salomons* nennen. Direkt an ihrer Ostseite — sozusagen unter den Augen des *Royal Butler* — entdeckte Professor Rothenberg einen kleinen Tempel. Er wurde von Sethos I. (1318–1301 v.Chr.) offensichtlich als Nachbildung der Anlage in Serabit errichtet und ebenfalls der Göttin Hathor geweiht. Anfang des 12. Jahrhunderts fiel er einem Erdbeben zum Opfer; kurz danach gaben die Ägypter, vermutlich wegen innenpolitischer Probleme, den Bergbau in Timna auf.

Für ein paar kleine rote und gelbe Tuchreste aus Woll- und Flachsgewebe hatte der Archäologe zunächst keine Erklärung. Erst als er auch Pfostenlöcher fand, kam er auf die Idee, darin müßten Tragstützen für ein Zeltdach gestanden haben und somit die Stoffetzen Reste der Plane sein.

Also war dieser Tempel irgendwann auch ein Zeltheiligtum, »das erste dieser Art, das je entdeckt wurde. Es gibt überzeugende Gründe, dieses Zeltheiligtum den Midianitern zuzuschreiben«, sagt Professor Rothenberg. Vermutlich hat der Nomadenstamm die Anlagen in Timna nach dem

Weggang der Ägypter übernommen und auf den Fundamenten des verfallenen Hathor-Tempels ein semitisches Wüstenheiligtum gebaut. Umfangreiche Keramik- und Schmuckfunde bestätigen die Präsenz der Midianiter.

Die eigentliche Sensation aber lag in einer kleinen Kultnische: eine kupferne Schlange mit vergoldetem Kopf, nur zwölf Zentimeter lang – ursprünglich ganz mit Goldblech ummantelt.

Krieg die Schlange von Timna etwa das Vorbild für die eherne Schlange Moses? Denn die Bibel erzählt von einem Schlangenkult (Num.21,4-9). Wenn man diese Sage auf ihre älteste Form reduziert, lautet sie etwa so: Auf ihrem Weg

Bei Timna. Hier ließ König Salomo Kupfer abbauen, wie zuvor schon die Midianiter und die Ägypter.

Der Hathor-Tempel von Timna. Später wurde daraus ein midianitisches Zelt-heiligtum.

durch die Wüste wurden die Israeliten von giftigen Schlangen gebissen; viele von ihnen starben. Das Volk rief Mose zu Hilfe. Der fertigte eine eherne Schlange an und steckte sie auf einen Stab. Jeder Verletzte, der diesen Schlangenstab anschaute, blieb am Leben.

Hier handelt es sich eindeutig um einen Zauber. Ähnliche Geschichten sind uns auch aus der Antike und dem Mittelalter überliefert. So befreite der Rechtsgelehrte Gervasius von Tilbury im 12. Jahrhundert die italienische Region Kampanien von einer Fliegenplage und die Stadt Neapel von Heuschreckenschwärmen, indem er eherne Bilder der Schädlinge aufstellte.

In Schlange und Stab, die sich wie ein roter Faden durch die Mosegeschichte ziehen, liegt tiefe theologische Symbolik. Im Berufungserlebnis am Dornbusch trägt Mose zunächst einen einfachen Stab mit gerundetem Bogen am Oberteil; damit wehren die Hirten wilde Tiere der Wüste ab oder holen flüchtige Schafe an den Beinen zurück zur Herde. Als Oberste Hirten der katholischen Kirche tragen der Papst und die Bischöfe bis heute den Krummstab. Zusammen mit der Kobra gehört er auch zu den Insignien der ägyptischen Könige. Als Hieroglyphe gezeichnet bedeutet er sogar direkt »herrschen«. Bei den Verhandlungen mit dem Pharao wird Mose mit diesen höchsten Herrschafts- und Machtsymbolen ausgestattet, als sich der Stab in eine Schlange verwandelt. Und während der Wüstenwanderung gelingen Mose mit dem Zauberstab die Wunder der Rettung, bis hin zur Heilung von der Schlangenplage.

Später stand der Schlangenstab im Tempel zu Jerusalem; die Israeliten brachten ihm sogar Weihrauchopfer dar, bis ihn König Hiskia (715–687 v.Chr.) in einer ersten Kultreform zerstörte.

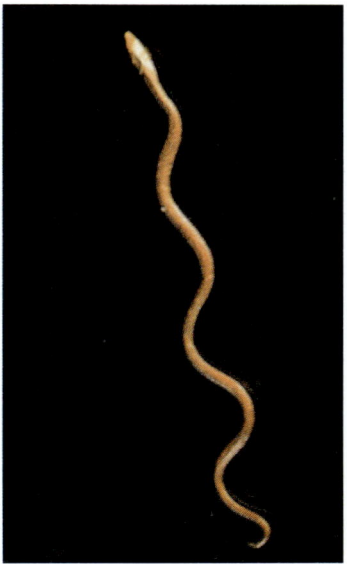

Die Kupferschlange von Timna – Vorbild für die eherne Schlange von Mose?

Mose und die eherne Schlange. Aus der Bibel von Gustave Doré.

Ob er von Anbeginn kultisches Zubehör war, können wir nicht mehr rekonstruieren. Sicher hat man ihn als Attribut Jahwes verstanden und damit den Gedanken an ihn als Heilgott verbunden. Denn Jahwe schickt nicht nur Seuchen und Plagen, er heilt auch, wird gar »Arzt Israels« genannt (Ex. 15, 26).

Noch heute ist ein Schlangenstab, der Äskulap-Stab, Symbol der Ärzte. Er wird zurückgeführt auf Asklepios, den griechischen Gott der Heilkunde.

Aber anscheinend hat noch kein Wissenschaftler die Frage untersucht, ob das Zeichen nicht doch im viel älteren orientalischen Kulturbereich seinen Ursprung hat.

Wie der Fund von Timna vermuten läßt, greift die biblische Erzählung von der Schlangenplage auf einen lokalen Kult zurück. Auf jeden Fall spielt sie im Arabagraben zwischen Rotem und Totem Meer. Manche Theologen verbinden die Geschichte daher auch mit den Kupferminen von Feinan, dem biblischen Punon und Gegenstück zu Timna – heute auf jordanischer Seite gelegen. Dort gräbt seit einigen Jahren ein Team des Bergbaumuseums Bochum. Zwar haben die Forscher bisher keine ehernen Kultschlangen gefunden, aber offenbar einige Bruchstücke midianitischer Keramik. Zu diesen Midianitern hat Mose enge Beziehungen. Übernimmt er gar die Religion des Nomadenstammes?

Jahwe – ein Nomadengott?

Wer waren die Midianiter? Zusammen mit den Kenitern, einer ihrer Untergruppen, gehörten sie den Nomadenverbänden der syrisch-arabischen Wüste an. Sie lebten von ihren Herden aber auch vom Karawanenhandel zwischen dem Ostjordanland, Arabien und Ägypten. Das bezeugt die Bibel in der Josephsgeschichte (Gen. 37,28; 36).

Die Weidegebiete der Midianiter erstreckten sich offenbar bis in den Sinai. Neuere Forschungen sehen die Midianiter aber auch als teilweise seßhafte Oasenbewohner, die intensive Landwirtschaft betrieben. Die ältesten Nachrichten über ihre Wohnsitze führen an die Ostküste des Golfes von Akaba bis hinauf in die Gegend des heutigen Petra und südwärts bis ins heutige Saudi-Arabien. Die moderne Autostraße nach Mekka verläuft durch ein Gebiet namens *Midian,* das schon die arabischen Geographen erwähnen. Darin ist das alte Wort *Midian* fast unverändert bewahrt.

Warum flieht Mose nach der Ermordung des ägyptischen Aufsehers ausgerechnet zu den Midianitern? Warum legt er einen 300 Kilometer langen Weg durch endlos steinige Wüsten zurück? Die Bibel schildert zunächst ein Fami-

Die Hauptkarawanenroute nach Suez führte durch den Sinai.

Beduinen - auch Mose und Jethro könnten so ausgesehen haben.

lienidyll: Mose heiratet Zippora, die Tochter des Hohenpriesters von Midian, Jethro (an anderer Stelle Reguël oder Hobab), und hütet eine Weile das Kleinvieh seines Schwiegervaters (Ex.2,16–22). Von den Nomaden lernt der Mann, der im fruchtbaren, wasserreichen Nilland aufwuchs, Leben und Überleben in der Wüste; hier erwirbt er Kenntnisse, die ihm später helfen, sein Volk vor Gefahren zu bewahren.

Bei den Midianitern begegnet er dann einem Gott namens Jahwe. Daß es sich um einen neuen Gott handeln muß, wird in der Berufungsgeschichte am Dornbusch deutlich (Ex.3): Mose erhält den Auftrag, sein Volk aus Ägypten zu führen. Doch warum muß er nach dem Namen dessen fragen, der sich ihm da offenbart, wenn es doch der »Gott der Väter« sein soll?

Der aber hieß *El;* dieser Name hat sich in »Israel« oder »Michael« bis heute erhalten. *El* war zwar ein einziger Gott, wurde aber in lokal unterschiedlichen Erscheinungsformen verehrt. Nun konkurriert Jahwe mit der *El-Religion.* Bibel und Forschung sind sich darin einig, daß Jahwe den Israeliten vor Mose nicht bekannt war. Die Verknüpfung seiner Berufung mit dem Aufenthalt bei den Midianitern legt es nahe, Jahwe als Gott dieses Nomadenstammes zu begreifen.

Demnach könnte Jethro (oder Reguël oder Hobab), der Schwiegervater Moses und Hohepriester von Midian, wirklich exi-

Beschneidungsszene aus dem Grab des Anchmator (Altes Reich) in Sakkara.

stiert haben, sagen die Vertreter dieser These. Sie sehen in ihm sogar den Lehrmeister Moses. Dafür gibt es gute Gründe: Später, nach dem Auszug aus Ägypten, begegnet Mose mit seinem Volk diesem Mann wieder, und zwar noch vor der Offenbarung der Zehn Gebote am Berg Sinai (Ex. 18). Und da ist es Jethro, der das erste Opfer für Jahwe darbringt und Mose in der neuen Rechtsordnung unterweist. Schließlich liegt auch der Ort der Offenbarung der Zehn Gebote im Siedlungsgebiet der Midianiter. Die Bibel kaschiert geschickt das Verhältnis Meister – Lehrling. Sie stellt es so dar, als ob Jethro sich nur deshalb zu Jahwe bekennt, weil der die Israeliten aus der Knechtschaft errettet hat.

Übernehmen die Israeliten von den Midianitern auch die Sitte der Beschneidung? Nach der Bibel führt Zippora den

Ritus zum ersten Mal aus. Das ist verwunderlich, zumal auch andere semitische Völker diesen Brauch kannten. Die Ägypter zum Beispiel beschnitten schon um 2500 vor Christus ihre Jünglinge, wie die Darstellung in einem Grab bei Sakkara zeigt. Doch nur bei den Israeliten hatte der Ritus eine so herausragende Bedeutung. Zu Zeiten des Babylonischen Exils erhoben Dogmatiker die Beschneidung zum äußeren Zeichen des »Bundes mit Gott« und damit zum Unterscheidungsmerkmal der Juden von den »Heiden«.

In der Frühzeit wurden die jungen Männer kurz vor der Pubertät beschnitten, vermutlich von Frauen; erst sehr viel später ging man dazu über, die Knaben schon im Alter von acht Tagen zu beschneiden. Die knappen Bibelverse (Ex.4, 24-26) lassen auf eine sehr alte Sage schließen, die den Ursprung des Brauches sicherlich nicht hygienischen, sondern magisch-religiösen Gründen zuordnet.

Ob sich der Flüchtling Mose und der Hohepriester Jethro wirklich begegneten, läßt sich wohl nie mehr feststellen. Aber die biblische Erzählung spiegelt eine gewisse religionsgeschichtliche Abhängigkeit der frühen Jahwereligion von den Midianitern. Wie stark der Einfluß aber wirklich war, darüber gehen die Meinungen auseinander.

Doch eines macht die Bibel deutlich: Der neue Gott ist ein Gott der Wüste. Um ihm zu begegnen, mußte Mose nach dem Mord an dem ägyptischen Aufseher diesen weiten Fluchtweg zurücklegen.

Es gibt zwar noch keine archäologischen Zeugnisse für eine Jahweverehrung der Midianiter, doch haben wir ägyptische Notizen über Beduinengruppen, die bereits erwähnten Schasu, die den Jahwenamen offenbar als Clannamen führten.

Gab es ein Jahwe-Land?

In welchem Verhältnis nun die Schasu-Beduinen zu den Midianitern stehen, kann die Wissenschaft noch nicht beantworten. Denn die Midianiter werden nur in der Bibel erwähnt. Seit Beno Rothenbergs Funden definiert die moderne Archäologie lediglich einen bestimmten buntgemusterten Keramiktyp des südlichen Palästina und des nordwestlichen Saudi-Arabien als midianitisch.

Die Bezeichnung Schasu kennen wir dagegen nur aus ägyptischen Texten. Die Herrscher vom Nil gewährten den Beduinen, den Sandläufern, in Notzeiten zwar vorübergehend Asyl, bestraften sie aber manchmal auch mit militärischen Aktionen. Im Tempel von Karnak sind gefesselte Schasu-Beduinen abgebildet, die der Pharao Sethos I. als Siegesbeute nach Ägypten verschleppte. Die Unterschrift unter dem Relief ver-

Landschaft in Ostjordanien. Hier etwa vermutet man das »Jahwe-Land«.

rät uns sogar den Grund für sein Eingreifen: »Die Schasu-Feinde sind rebellisch geworden. Ihre Stammesführer haben sich auf den Hügeln Südpalästinas zusammengetan. Sie stiften Verwirrung und Unruhe. Sie bringen sich gegenseitig um. Sie achten nicht auf die Gesetze unseres Reiches.«

Die Tatsache, daß Beduinengruppen in Ägypten versklavt wurden, läßt einige Forscher glauben, daß auch die Israeliten irgendwann als Kriegsgefangene an den Nil gebracht und zur Zwangsarbeit verurteilt worden sein könnten. Eine Liste von besiegten Schasu-Stämmen ließ der Pharao Amenophis III. (1402–1364 v. Chr.) in seinem Tempel im nubischen Soleb anbringen. Ramses II. (1301–1234 v. Chr.) hat diese Aufzählung im Heiligtum von Amarna-West kopiert, allerdings leicht verändert.

Beide Listen führen Untergliederungen wie *Schasu-Gebiet Seir* und *Schasu-Gebiet Jahwe* auf – Namen, die wir auch aus der Bibel kennen. Diese Nennung von Jahwe gilt als einziger vorbiblischer Beleg für den Gottesnamen. *Seir* ist hinreichend identifiziert als Wohngebiet von Schasu-Stämmen in der Wüsten- und Bergregion zwischen Rotem und Totem Meer. Wenn man der älte-

Semitisches Fruchtbarkeitsidol.

sten biblischen Tradition folgt, muß das *Jahwe-Land* in unmittelbarer Nähe von *Seir* zu suchen sein. So wird dem sterbenden Mose ein Segen in den Mund gelegt: »Jahwe kam aus Sinai, er strahlte ihnen auf aus Seir, er erglänzte ihnen vom Gebirge Paran« (Dtn.33,2).

Auch das Deboralied (Ri.5,4-5) und der Psalm 68 (8-11) sprechen vom Sinai als einer Region – im Unterschied zur gängigen Vorstellung vom Sinai als Berg, wie sie insbesondere die Geschichte um die Zehn Gebote darstellt.

Neueste sprachwissenschaftliche Untersuchungen der Texte aus Soleb und Amarna-West bestätigen sowohl die Lokalisierung des Jahwe-Landes im südlichen Palästina als auch die Beziehung des ägyptisch geschriebenen Jahwe auf den biblischen Gottesnamen. Darüber hinaus darf man in Jahwe mit großer Sicherheit den Schutzgott der Region sehen. Als bekanntestes Beispiel für eine solche Doppelfunktion führen die Forscher *Assur* an, was sowohl Stammes-, Landes- und Gottesname sein kann.

Dieses komplizierte Geflecht von Indizien könnten neue Funde vielleicht ganz schnell entwirren. So wie eine Entdeckung im Nordsinai ein völlig unerwartetes Schlaglicht auf Jahwe warf: Hatte der »alleinige Gott der Israeliten« etwa doch eine Gefährtin, eine Göttin, neben sich?

Jahwe und seine Aschera

Im semitischen Pantheon, wie wir es aus Syrien kennen, steht neben *El* die Göttin *Aschera* als seine Gemahlin: eine Urmuttergestalt, die alle Götter und Menschen geboren hat.

Als man in Kuntillat Adschrud, einer einsam gelegenen Bergfestung an der Piste zwischen Gaza und Akaba, Krugfragmente mit althebräischen Beschriftungen ausgrub, brach bei den Theologen eine große Irritation aus. Denn der Text stellt Jahwe als alleinigen Gott in Frage. Da heißt es: »Ich segne dich im Namen Jahwes, der aus dem Süden kommt (gemeint ist Sinai) und seiner Aschera.« Einen ähnlichen Fund hat man auf einer Wandinschrift in Israel gemacht.

So sind die jüngsten Darstellungen zur Religionsgeschichte Israels voller Hypothesen. Sie versuchen, mit diesen unorthodoxen Texten fertigzuwerden, die so gar nicht in das Bild des herkömmlichen Jahwe-Monotheismus passen wollen. Zudem gab die große Anzahl weiblicher Tonfigurinen, die an den verschiedensten Orten ausgegraben wurden, der Diskussion über eine Gefährtin Jahwes neue Nahrung. Sind alle diese Idole gar als Bilder der Aschera zu sehen? Das könnte bedeuten, daß die Israeliten doch Polytheisten waren, also der Vielgötterei gehuldigt und eben nicht nur Jahwe allein verehrt haben.

Es gibt aber noch die ganz andere Frage, ob Mose den Monotheismus, die revolutionäre Idee von dem einen einzigen Gott, nicht schon in Ägypten kennengelernt hat, also vor seiner Flucht zu den Midianitern.

Verwirrung im Terminkalender

Es war ein Pharao, der als erster nur noch einem einzigen Gott huldigte und als eigentlicher Schöpfer des Monotheismus gilt: Amenophis IV. oder Echnaton, der Gatte der schönen Nofretete. Er regierte von 1364 bis 1347 vor Christus. Amenophis nannte sich Echnaton – zu Ehren seines einzigen Gottes *Aton,* der Sonne, die er an die Stelle der gesamten Götterwelt setzte. Im berühmten Sonnenhymnus singt Echnaton ein Loblied auf die Schöpfung, das sogar zum Vorbild für den Psalm 104 in der Bibel wurde.

Echnaton und seine Familie beten den Sonnengott Aton an.

Echnaton gründete Amarna als neue Hauptstadt und ließ alle anderen Götternamen ausmeißeln. Doch nach seinem Tod wandte sich Ägypten von dieser Ketzerei sehr schnell ab und kehrte wieder zum Polytheismus zurück. Die Anhänger Echnatons wurden verfolgt, alle Erinnerungen an ihn so umfassend wie möglich getilgt.

Ein solcher Umbruch könnte für Mose Grund zur Flucht gewesen sein. Erst Jahre später sei er nach Ägypten zurück-

Tempel der Hatschepsut in Deir el Bahari. Die 18. Dynastie zeichnete sich durch gigantische Bauvorhaben aus.

gekehrt, hätte den Israeliten den inzwischen längst verbotenen Glauben verkündet und mit ihnen das Land wieder verlassen, so die Vertreter der Echnaton-These. Zu ihren Anhängern gehörte übrigens auch Sigmund Freud. Das würde bedeuten, daß man den Exodus um 1340 vor Christus ansetzen müßte.

Nun besteht aber die grundsätzliche Schwierigkeit, überhaupt einen Termin für den Auszug aus Ägypten festzulegen, weil sich die Theorien gegenseitig ausschließen. Die Bibel selbst nennt keine verläßlichen Zahlen, und es gibt auch kein einziges ägyptisches Dokument, das die Plagen, die Flucht der Hebräer oder gar den Untergang der Ägypter im Schilfmeer erwähnt und somit historisch fixierbar macht.

Dieser Mangel hat natürlich alle möglichen Spekulationen zur Folge, wobei man zugeben muß, daß für jede Deutung plausible Gründe sprechen.

Eher kurios mutet es allerdings an, wenn ein eifriger Rechner sogar exakte Daten angibt: den 14. April 1491 vor Christus für den Auszug der Israeliten und den 28. April drei Uhr morgens für die Katastrophe am Schilfmeer – ermittelt nach der Marschgeschwindigkeit des ägyptischen Heeres. Ein anderer hat die Geschwüre auf der Mumie Thutmosis'II. (1493–1490 v. Chr.) mit den Plagen in Zusammenhang gebracht.

Folgt man der Bibel, flüchteten die Israeliten aus Ägypten, weil sie als Bauarbeiter in harter Fron schuften mußten. Von gigantischen Bauvorhaben war zum Beispiel die 18. Dynastie geprägt. Es entstanden die Tempel von Karnak und Luxor, das Heiligtum der Pharaonin Hatschepsut in Deir-el Bahari und die Gräber im Tal der Könige.

Hatschepsut (1490–1468 v. Chr.) wurde sogar als jene Tochter des Pharao identifiziert, die Mose rettete. Später bestieg sie selbst den Thron und brachte ihrem Land eine Zeit des Friedens. Wie so oft in der ägyptischen Geschichte tilgte auch ihr Nachfolger alle Spuren seines Vorgängers und verfolgte dessen treue Diener. Somit hätte Mose, der Schützling Hatschepsuts, das Nilland verlassen müssen, als Thutmosis III. (1490–1436 v. Chr.) an die Macht kam. Unter seiner Regierung hätte die Versklavung der Hebräer ihren Höhepunkt erreicht und vielleicht auch noch der Exodus stattgefunden.

Diese Theorie berücksichtigt allerdings einen wichtigen Punkt nicht: Alle großen Bauten der 18. Dynastie entstanden Hunderte von Kilometern südlich des Nildeltas, das

Sethos I., der vermutlich die Ramsesstadt gründete, vor der Löwengöttin Wadjet. Relief im Tempel von Karnak.

eindeutig als Ausgangspunkt der Flucht gesehen wird. Wie also hätten die Israeliten unbehelligt von Luxor so weit flußabwärts wandern können, um dann in den Sinai zu kommen?

Die meisten Wissenschaftler legen sich inzwischen auf die 19. Dynastie als Zeitraum für einen möglichen Auszug fest. Doch auch dabei besteht die Schwierigkeit genauerer zeitlicher Eingrenzung, da die Bibel den Namen des Pharao nicht nennt und die Geschichten insgesamt als sagenhafte Ausgestaltung gesehen werden müssen. Die einzig chronologisch verwertbare Angabe ist der Hinweis auf die Errichtung der Städte Pithom und Ramses. Diese Nachricht weist recht genau in das 13. Jahrhundert, höchstens noch in die unmittelbar darauffolgende Epoche.

Zweifellos hat Sethos I. die Ramsesstadt gegründet, doch baute sie erst sein Nachfolger Ramses II. (1290–1224 v. Chr.) zu einer mächtigen Metropole aus. Auch die späteren Ramessiden residierten dort. Man kann davon ausgehen, daß der Name der Stadt schon früh in die israelitische Überlieferung genommen wurde.

So hat sich weitgehend die Meinung durchgesetzt, in Ramses II. den »Pharao der Bedrückung« zu sehen. Das heißt, unter seiner Herrschaft lebten die Hebräer als Fronarbeiter. Doch als »Pharao des Auszugs« kommen auch seine Nachfolger in Betracht.

Das erste Bild eines Israeliten?

Vor allem der Sohn Ramses' II., Merenptah, (1224–1204 v. Chr.) wurde immer wieder als Pharao des Exodus genannt. Daß seine Mumie mit Salzkristallen bedeckt war, hat man auf den Untergang der Ägypter im Schilfmeer bezogen, was natürlich Unsinn ist. Wenn der Pharao mit all seinen Soldaten bei der Verfolgung der Israeliten ertrank, wie die

Bibel berichtet, wie hätte dann die Mumie im Tal der Könige gefunden werden können?

Ein anderer, wissenschaftlich seriöser Beweis aus seinem Totentempel bei Theben spricht eher gegen Merenptah als Pharao des Exodus: die sogenannte Israel-Stele. Der Archäologe Flinders Petrie grub sie 1896 aus; heute steht sie im Museum in Kairo. Merenptah ließ die Stele in seinem fünften Regierungsjahr beschriften, übrigens auf der Rückseite; die Vorderseite

Die sogenannte Israel-Stele des Merenptah aus dem Totentempel des Pharao bei Theben.

Ausschnitt aus der Israel-Stele. Hier ist zum ersten Mal »Israel« schriftlich belegt.

war schon gut 150 Jahre zuvor mit Texten Amenophis' III. vollgeschrieben worden.

Der Text Merenptahs verherrlicht seine militärischen Erfolge gegen die Libyer und die Auswirkung dieses Sieges auf die Hethiter und die Bewohner Palästinas. Ganz am Ende, in Zeile 26 bis 28, taucht bei der Aufzählung niedergeworfener Feinde ein für ägyptische Quellen neuer Name auf: »Libyen ist verwüstet, Hatti (gemeint sind die Hethiter) ist friedlich, Kanaan ist mit allem Schlechten erobert, Askalon ist fortgeführt und Gezer ist gepackt; Jenoam ist zunichte gemacht. Israel liegt brach und hat kein Saatkorn.«

Damit ist zum ersten Mal in der Geschichte Israel schriftlich belegt! Aber was ist das für ein Israel? Die Liste nennt Askalon, Gezer und Jenoam in geographisch richtiger Reihenfolge von Süden nach Norden. Die Hieroglyphenzeichen weisen diese Orte als »Fremdländer« und befestigte Städte aus, Israel dagegen als Menschengruppe (eine solche Unterscheidung ist in unserer Schrift nicht möglich).

Der weitere Text offenbart keine genauere Definition. Sollte also die Exodusgruppe den Namen Israel mit nach Palästina gebracht haben, müßte der Auszug noch unter Ramses II. stattgefunden haben. Es könnte aber auch ein Stamm gemeint sein, der schon vor diesem Ereignis in Palästina lebte und sich Israel nannte; in diesem Wort gibt sich nämlich der alte Gottesname *El* und nicht der neue Gott Jahwe zu erkennen.

Inzwischen diskutieren Forscher die kühne These des amerikanischen Archäologen Frank Yurco, der Text der Israel-Stele sei im Amun-Tempel von Karnak sogar bebildert worden. Dabei handelt es sich um Kriegsszenen, die bislang Ramses II. zugeschrieben waren; nach der neuen Interpretation wäre Merenptah der Auftraggeber.

Auf den leider nicht mehr vollständigen Reliefs sieht man mit einiger Mühe die Eroberung dreier befestigter

Städte. Sind das Askalon, Gezer und Jenoam, deren Namen auf der Stele geschrieben stehen? Die Reste des vierten Bildes zeigen Menschen im Kampf, außerhalb jeder städtischen Anlage. Das von einem Band gehaltene Haar, Spitzbart und freier Oberkörper lassen sie zwar wie typische Schasu-Beduinen aussehen, doch tragen diese auf allen bekannten Darstellungen einen kurzen, schurzartigen Rock.

Die Männer auf dem Karnak-Relief sind dagegen mit einem knöchellangen Tuch bekleidet; und das stempelt sie nach Meinung Yurcos eindeutig zu Kanaanitern.

Sollte diese gewagte Theorie durch irgendeinen neuen Fund untermauert werden können, wäre das eine echte Sensation. Wir hätten das erste Abbild eines Israeliten aus der ungefähren Zeit des Exodus, sozusagen eine Photographie in Stein!

Ein Pharao der Superlative

Bleiben wir vorläufig bei der allgemein üblichen, relativ stichhaltigen Annahme, der Auszug habe unter Ramses II. stattgefunden. Während seiner 66jährigen Regierungszeit erreichte die innen- und außenpolitische Festigung des Landes den absoluten Höhepunkt. 1288 vor Christus kämpfte er gegen die zur nördlichen Großmacht aufgestiegenen Hethiter unter König Muwatalli. Wenn er die berühmte Schlacht von Kadesch am Orontes auf den Wänden seiner Tempel auch als großen ägyptischen Sieg feiern ließ, ging sie doch in Wirklichkeit unentschieden aus.

Aber der große Taktiker Ramses II. bewies politische Klugheit. Um das gegenseitige Gleichgewicht abzusichern, schloß er mit den Hethitern den ersten Friedensvertrag der Weltgeschichte. Er heiratete sogar eine hethitische Prinzessin und hob sie, entgegen den Gepflogenheiten seines Landes, in den Rang einer Königin.

Innenpolitisch stellte der Pharao mit aller Macht seine Göttlichkeit dar, indem er bewußt auf religiöse Traditionen zurückgriff. Seine Hofhaltung und die von seinen Ideologen geschaffenen literarischen Werke charakterisieren die Epoche als Mischung zwischen äußerer Hochkultur und innerer Dekadenz. Sein Selbstverständnis als göttlicher Herrscher drückte Ramses II. vor allem in gewaltigen Bauten aus. Er ließ gigantische Tempel errichten. Die Front der imposantesten Anlage im nubischen Abu Simbel schmückte er mit vier Kolossalstatuen des sitzenden Pharao, jede zwanzig Meter hoch – monumentale Idealbilder seiner selbst.

Diese religiös verbrämte Staatsideologie hielten Heerscharen von Beamten und Priestern aufrecht. Die Masse der Bevölkerung hatte zu dienen, mußte die ausgedehnten

Kopf Ramses' II. vor dem Ramesseum, einem der Totentempel am Rande der Wüste.

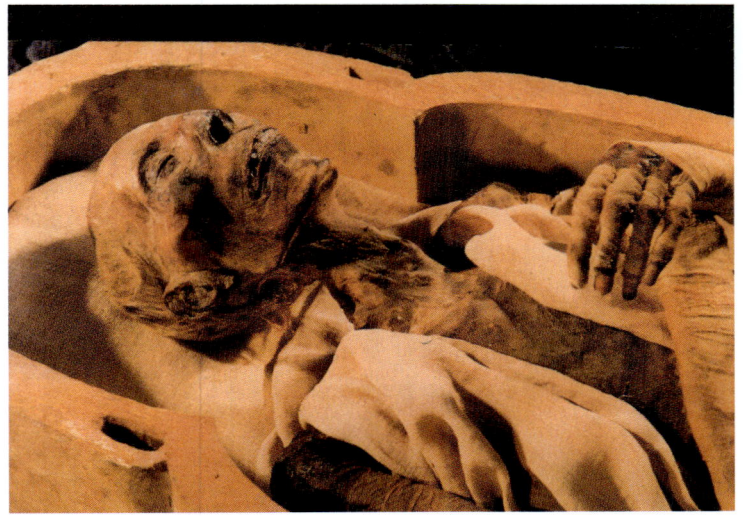

Mumie Ramses' II. Vermutlich war er der »Pharao der Bedrückung«.

Hof- und Tempelgüter bewirtschaften und wurde im staatlich betriebenen Handel, Verkehr und Handwerk oder bei den zahlreichen Großbauprojekten eingesetzt.

Die sozialen Bedingungen des amtlich verordneten Arbeitsdienstes müssen äußerst hart gewesen sein. Das wissen wir nicht nur aus der Bibel, sondern auch aus ägyptischen Quellen. Gehörten die Hebräer zu den Brigaden Ramses' II.?

Ich hatte die selten gebotene Gelegenheit, Ramses' Mumie zu sehen. Sie liegt zwar mitten im Museum von Kairo, ist aber zur Zeit in einem Holzsarg verschlossen.

Da blickt man nun in das Antlitz eines der größten Herrscher der Weltgeschichte. Man sieht ein energisches Kinn im feinen Gesicht eines Greises, der im Alter von neunzig Jahren starb. Den kahlen Scheitel umrahmen rotblonde Haare, die schmalen Lippen sind leicht geöffnet.

Die von Schimmelpilzen verseuchte Mumie wurde 1977 in Paris konserviert, restauriert und mit Kobaltstrahlen sterilisiert.

Wir wissen alles über seine Gebrechen und Krankheiten, kennen genauestens die Mumifizierungsingredienzen und jedes Detail seines Körpers. Aber eine Frage beantwortet keine noch so moderne Untersuchungsmethode, auch im Computerzeitalter nicht: Hat diesem Pharao vor mehr als dreitausend Jahren ein Mann namens Mose gegenübergestanden?

Streiks in der Arbeiterstadt

In zwei fast wörtlich gleichen Briefen eines Beamten aus der Zeit Ramses II. heißt es: »Gib Getreideproviant den *'aperu ('prw)* welche für den großen Pylon (die Torfassade des Tempels) von Ramses Steine ziehen.«

In der Arbeiterstadt Deir el Medine gab es unter Ramses III. Streiks wegen Ausbleibens der Lohnzahlung.

Das ägyptische Wort 'ape-ru darf man gleichsetzen mit dem Lautbestand des Wortes habiru, das uns aus Mesopotamien, Kleinasien und Syrien überliefert ist. Und habiru erinnert an die Hebräer der Bibel.

Die Gleichung 'aperu = habiru = Hebräer ist möglich, aber nicht klar durchschaubar, weil sich die Nachrichten, die wir über diese drei Gruppen haben, erheblich voneinander unterscheiden.

Noch heute stellen die Bewohner des Nildeltas Lehmziegel her - wie vor 3000 Jahren.

Die ägyptischen 'aperu stehen in Söldner- oder Frondiensten und gelten als sozial zweitrangige Gruppe. Die habiru der Keilschrifttexte werden als feindlich, angriffslustig und kriegerisch beschrieben.

Ungeklärt ist die Frage, ob die Begriffe eine ethnisch gemischte Schicht mit niederem Rechtsstaus meinen – etwa Halbnomade, Flüchtlinge, wirtschaftlich Gescheiterte, Kriegsgefangene –, oder eine Volkszugehörigkeit. Das Alte Testament erwähnt die Hebräer nur in der Josephs- und Mosegeschichte und bezieht diese Bezeichnung am ehesten auf die Volkszugehörigkeit. Vielleicht hat sich im Exodusbuch tatsächlich die Erinnerung erhalten, daß die Vorfahren Israels im Nilland 'aperu genannt wurden. Dann wären auch die ägyptischen Quellen eine Bestätigung, daß wohl im 13. Jahrhundert vor Christus eine später in Israel aufgegangene Gruppe im Ostdelta lebte und dort zu Bauarbeiten in der Ramsesstadt verpflichtet war. Die oben zitierten Briefe sind übrigens die einzigen Dokumente, die die 'aperu und Ramses II. in einen Zusammenhang bringen.

Obwohl die Bibel vom »Sklavenhaus« Ägypten spricht, darf man den Frondienst unter juristischen Aspekten nicht als Sklaverei im strengen Sinn verstehen. Es gab bestimmte gesetzliche Regeln, die unmittelbare Leibeigenschaft, völlige Rechtlosigkeit und Mißbrauch des Menschen als Tausch- oder Handelsobjekt ausschlossen.

Ausgrabungen und umfangreiche Textfunde aus Deir el Medine, einer Siedlung nahe der königlichen Totenstadt am thebanischen Westufer des Nil, geben uns einen detaillierten Eindruck von den Lebensbedingungen im pharaonischen Arbeitsdienst:

Zur Ramessidenzeit lebten etwa 120 Familien isoliert von der Außenwelt in dem Dorf am Fuß des Westgebirges. Die Männer bauten im Tal der Könige unter großen körperlichen Strapazen die Gräber der Pharaonen und schmückten die tief in den Fels gehauenen Anlagen mit Kunstwerken für die Ewigkeit aus. War diese Tätigkeit schon hart genug, so machte das mörderische Wüstenklima die Arbeit zu einer wahren Fron. Wie Grabmalereien zeigen, gingen die Aufseher nicht gerade zimperlich mit ihren Leuten um. Eine Schicht dauerte neun Tage, erst am zehnten Tag durften die Handwerker ausruhen. Bezahlt wurden sie in Naturalien. Schreiber hielten die Verteilung der Güter bis in jede Einzelheit fest. So kennen wir genau die strenge soziale Rangordnung innerhalb der Brigaden.

Vorgesetzte, Arbeiter und Hilfskräfte stritten zwar nicht selten um die ihnen zustehenden Rationen. Dennoch lag das Jahreseinkommen eines einfachen Arbeiters schon über dem Existenzminimum. Fach- und Vorarbeiter konnten es sogar zu einem gewissen Wohlstand bringen.

Im allgemeinen lief die staatliche Versorgung wie eine gut geölte Maschine. Unter Ramses III. scheint aber eine Inflation die wirtschaftliche Lage grundlegend verschlechtert zu haben. Die Löhne wurden entweder überhaupt nicht gezahlt oder nur mit großer Verspätung. Das führte zu Streiks und Arbeitskämpfen. Ein Aufseher schrieb in sein Tagebuch: »An diesem Tag Vorbeimarsch der Belegschaft an den fünf Kontrollmauern der Nekropole mit Sprechchören: Achtzehn Tage sind schon in diesem Monat vergangen, und unsere Rationen sind noch nicht da. Und sie setzten sich auf den Boden an der Rückseite des Totentempels. Sie sagten zu den Aufsehern: Vor Hunger und Durst kamen wir hierher. Es gibt keine Kleidung, keine Salben, keinen Fisch, kein Gemüse.«

Der Protest hatte offenbar Erfolg. Am gleichen Tag noch wurden die Forderungen erfüllt. Doch schon einen Monat später weiteten sich die Sitzstreiks aus. Wieder waren die Löhne nicht gezahlt; selbst drei Oberaufseher konnten die Arbeiter nicht wegbewegen.

Ob sich auch Lehmziegelmacher oder Feldarbeiter einen Streik erlauben konnten, ist nicht überliefert. Sicher hatte die Gemeinschaft von Deir el Medine insgesamt einen besseren Status als andere Zwangsarbeiter. Immerhin schufen die Kunsthandwerker das Wichtigste, was jeder Ägypter sein ganzes Leben lang erträumte, was sich aber nur wenige leisten konnten: prachtvolle Gräber!

Wer sich dem staatlichen Arbeitsdienst zu entziehen versuchte, wurde gnadenlos verfolgt. Eine Fahndungsliste nach 76 flüchtigen Landarbeitern aus dem Mittleren Reich um 1800 vor Christus erzählt auch vom Schicksal einer jungen Frau namens Teti: Nach ihrem Verschwinden verhaftete man zunächst die Angehörigen. Sie blieben solange in Gewahrsam, bis Teti gefaßt, gegen sie das »Gesetz über Arbeitsflucht« angewendet und das Urteil gesprochen war: lebenslängliche, unbesoldete Staatsarbeit, also eine Art Straflager.

Haben auch die Israeliten das hohe Risiko einer Flucht auf sich genommen? Das würde ihre Verfolgung durch die

Ägypter überzeugend erklären. Nur die Schrift des Elohisten läßt diesen wahrscheinlichen historischen Ursprung des Auszugs noch erkennen (Ex. 14,5). Die anderen biblischen Quellen steigern sich zum spannenden Drama: Um die Entlassung seines Volkes aus dem Frondienst zu erzwingen, verhandelt Mose mit dem Pharao. Doch der »verstockt sein Herz«. Und da schickt Jahwe Plagen über das Land am Nil.

Blut, Finsternis und Tod – die Ohnmacht der Macht

Ein Volk erwählt sich einen neuen Gott. Jahrhunderte später, als sich aus dem ursprünglichen Glauben längst eine umfassende Lehre entwickelt hat, brütet ein Jersualemer Priester darüber, wie er das alles wirkungsvoll aufzeichnen kann; denn bisher kennt man nur die mündliche Überlieferung. Vielleicht beruht sie auf gewissen Fakten, aber so genau weiß das niemand mehr.

Seine Urahnen, die frühen Israeliten, sollen Fronarbeiter in einem mächtigen Nachbarreich gewesen sein. Irgendwie ist es ihnen gelungen, das Land zu verlassen. Dieses Ereignis haben die Theologen zum zentralen Punkt, ja zum Geburtsfest der Religion erhoben.

Um den Auszug der Vorfahren aus dem fremden Land Ägypten ranken sich inzwischen volkstümliche Geschichten von wundersamen Naturerscheinungen, mit denen der Gott Israels den Pharao und sein Volk bestraft habe. Das erzählt man sich immer wieder bei religiösen Festen und an den Feuern.

Der Priester will das alles aufschreiben: »Nun werden Kinder und Enkel, ja die ›Menschen in allen Landen‹ erfahren, daß die weltliche Großmacht Ägypten vor unserem Gott Jahwe kapituliert hat.«

Angenommen, der Chronist reist zu Recherchen an den Nil, um das Lokalkolorit kennenzulernen. Dort erlebt er ein schweres Erdbeben – wie das vom Oktober 1992. Es forderte allein in Kairo mehr als fünfhundert Menschenleben.

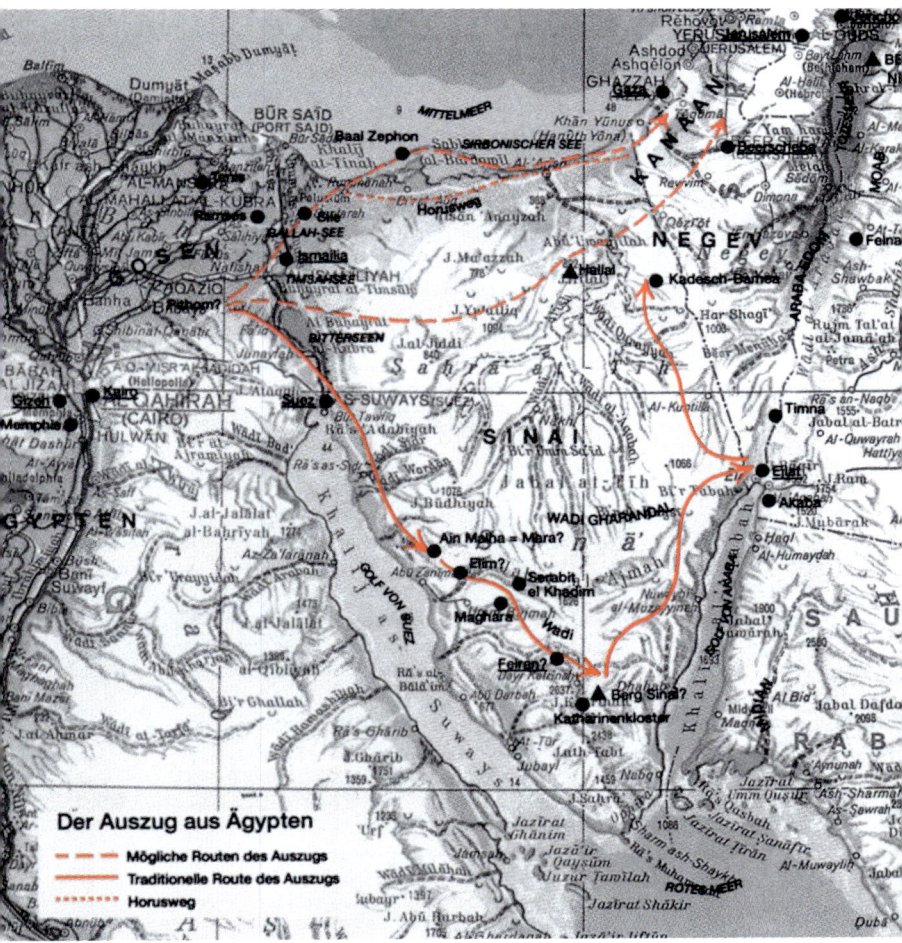

Der Auszug aus Ägypten

--- Mögliche Routen des Auszugs

— Traditionelle Route des Auszugs

········· Horusweg

Viele Bewohner der Stadt sprachen an diesen Tagen angst-
voll von einer »Strafe Gottes«.

Die unmittelbare Erfahrung der Naturgewalt nimmt der
Priester in seine Sammlung der Exodus-Erzählungen auf. Er
stellte das Erdbeben als direkte Wirkung göttlichen Eingrei-
fens dar. Um Jahwe zu verherrlichen, vergrößert er das Aus-
maß der Katastrophe um ein Vielfaches. Und er fügt dem
Geschehen noch ein Element des Wunders hinzu: Es sterben nur die Ägypter, die Angehörigen seines eigenen Volkes
bewahrt Jahwe vor dem Tod.

Zwar sind die Chronisten sicher nicht an den Nil ge-
reist; Nachrichten und Kenntnisse über fremde Länder
übermittelten damals vor allem Karawanenhändler. Aber
vielleicht darf man sich die Entstehung der Plagengeschich-
ten so vorstellen. Daß sie auf Naturbeobachtungen beruhen, daran besteht kein Zweifel. So war die explosionsartige
Vermehrung von Fröschen und Stechfliegen tatsächlich cha-

*Das wasserreiche Niltal, ideal für die explosionsartige Vermehrung von Frö-
schen, Fliegen und Stechmücken.*

rakteristisch für Ägypten; Gewitter und Hagel wiederum traten eher in Palästina auf; Viehseuchen und Heuschrecken kannte man überall im Orient; das ist bis heute so. Gerade dieser Tage, im September 1993, ziehen riesige Heuschreckenschwärme von Indien in Richtung Nahost.

In der uns vorliegenden Endfassung des Alten Testaments läßt die Reihung der Plagen (Ex. 7-15) Doppelungen, Ungereimtheiten und damit keine innerlich zusammenhängende Handlungsfolge erkennen, weil unterschiedliche Schriften zusammengefaßt sind. Jede Quelle zählt die Ereignisse anders auf. So steht geschrieben, daß es in Ägypten noch Tiere gab (Ex. 9,9f. und 19f.), obwohl das Land zuvor doch schon von einem Viehsterben heimgesucht worden war (Ex. 9,1-7).

Aber der Gesamttext entwickelt geschickt eine Steigerung der Gefahr: Jeweils drei Plagen betreffen die Erschwernis, Schädigung und schließlich die Bedrohung des Lebens. Man kann die Plagen auch in vier Grundübel einteilen: Verseuchung des Wassers, Überhandnahme von Ungeziefer, Krankheiten und Unwetter. Von den ersten Erscheinungen waren die Israeliten offenbar mitbetroffen, von den späteren jedoch ausdrücklich ausgenommen.

Es gab immer wieder Versuche, die Plagen in ihrer Abfolge naturwissenschaftlich zu erklären. Vitus B. Dröscher konstruiert daraus sogar eine regelrechte ökologische Kette, indem er das Entstehen einer Katastrophe aus der vorhergehenden begründet.

Diese Theorie klingt zwar sehr verführerisch, und man gewinnt den Eindruck, so und nicht anders müsse es gewesen sein. Aber sie berücksichtigt eben nicht, daß der Endtext und damit auch die Reihenfolge der Plagen frühestens in der Perserzeit, im 6. Jahrhundert vor Christus, entstand.

Man könnte sich natürlich jetzt fragen, ob der Redaktor bei der Zusammenführen der Quellen die jeweiligen Lücken geschlossen hat, weil er eine solche ökologische Kette kannte. Doch das ist weit mehr als unwahrscheinlich. Ebenso gilt die Anbindung der Plagen und damit das Exodus an ein ägyptisches Dokument vom Ende des Mittleren Reiches (um 1750) als reine Spekulation.

Damals stand Ägypten am Rande des Zusammenbruchs. Die allgemeine Not des Landes und der Natur schildert der Weise »Ipuwer« in einem später nach ihm benannten Papyrus. In Vorwürfen an den Schöpfer fragt der Dichter unter anderem: »Warum ist der Fluß voller Blut?« Immerhin läßt der Satz aufhorchen, weil sich auch in der ersten biblischen Plage alles Wasser in Blut verwandelt. Das könnte man unter Umständen mit der ungewöhnlichen Vermehrung algenähnlicher Einzeller erklären, die Wasser zur *Roten Tide* machen, also einfärben. Doch der Kontext im *Papyrus Ipuwer* bezieht sich eindeutig auf eine innerägyptische Revolution, die der Dichter in literarischer Form zu verarbeiten suchte. Kein Dokument des 13. Jahrhunderts vor Christus erwähnt Naturerscheinungen, die mit den Plagen verglichen werden könnten.

Blutzeichen als Glückssymbol

»Warum mordet Gott kleine Kinder?« Diese Frage stellen Menschen, die den Bibelbericht als historisches Dokument verstehen. Denn mit der zehnten Plage holt Jahwe zum großen Schlag aus: Er tötet jede Erstgeburt der Ägypter, egal, ob Mensch oder Tier.

Ob diese Geschichte der Ursprung der Plagenberichte war oder später den anderen als Höhepunkt hinzugefügt wurde, ist bis heute ein Streitpunkt unter Theologen. Jedenfalls nimmt diese zehnte Plage eine Sonderstellung ein. Denn jetzt werden die Israeliten nicht mehr ohne ihr Zutun verschont, sondern erst, nachdem sie einen besonderen Ritus vollzogen haben: Sie müssen die Türpfosten ihrer Häuser mit Blut bestreichen. Und damit verbindet sich die ausführliche Anleitung zur Passahfeier, die auf uraltes nomadisches Brauchtum zurückgeht.

Die Hirten kommen in einer ganz bestimmten Nacht bei ihrem Lokalheiligtum zusammen. Sie schlachten ein Schaf und braten es am Feuer. In der Glut backen sie Brot aus Mehl und Wasser; Sauerteig kennen sich nicht. Bittere Kräuter der Wüste ersetzen das Salz. Geschirr gibt es nicht. Die Feiernden rücken eng zusammen und bilden eine Mahlgemeinschaft. Die Hirten sind bekleidet mit einem gegürteten Umhang; sie tragen Sandalen und führen ihren Hirtenstab mit sich. Die Feier zieht sich die ganze Nacht über hin. Am nächsten Morgen brechen die Nomaden mit den Her-

Beduinen in Erwartung des Festmahls

den auf. Daher die Anweisung, nichts vom Fleisch liegenzu-
lassen.

Das Passah weist große Ähnlichkeit mit dem arabischen
radschab-Opferfest auf: beide sind Frühlingsfeste von Hirten; beide werden in der Familie begangen; der Hausvater
führt den Vorsitz; von einem Priester ist nicht die Rede. Und
der beherrschende Ritus ist die Opferung des erstgeborenen Tieres der Herde.

Die Nomaden begingen dieses Fest im Zuge des jähr-
lichen Weidewechsels von den friedlichen und freien Win-
terweiden der Wüste zu den Sommerweiden des bewohnten Kulturlandes. Das war immer mit Gefahren verbunden.

Der Blutritus sollte vor allem die Neugeborenen bei
Mensch und Tier schützen. Der Brauch hat sich bei den Beduinen bis heute erhalten: Wenn sie ein Schaf schlachten –
es wird durch einen Schnitt in die Halsvene getötet –, fan-
gen sie bei besonderen Anlässen das Blut auf und bestreichen damit die Mittelpfosten des Zeltes, den Hals der Kamele oder die Stirn der Kinder. Das gilt als Glückszeichen
zur Abwehr von Unheil. So werden auch neue Häuser, aber
auch neue Autos oder andere Errungenschaften unserer
Zeit geweiht.

Die Nomaden glauben an einen Wüstendämon, der besonders Junge und Schwache oder alles Neue bedroht. Diese Vorstellung steht noch entfernt hinter der biblischen Ver-
sion des Würgeengels, in dessen Gestalt Jahwe von Haus zu
Haus geht. Das Blut ist zu verstehen als wichtigste Sub-
stanz, als Grenze zwischen Tod und Leben, zwischen Heili-
gem und Profanem, zwischen gefährdetem und geschützten
Bereich.

Die jüdische Religion hat das alte nomadische Früh-
lingsfest umgedeutet und an ihre eigene Heilsgeschichte
angebunden. Der Name Passah, der sich eigentlich auf ein
kultisches Springen bezog, soll jetzt darauf hinweisen, daß

Jahwe die Häuser der Israeliten schonend »übersprungen« hat. Als Gedächtnis der Heilstaten Gottes feiert man Passah im Frühling, weil Israel im Frühling aus Ägypten ausgezogen ist.

Bei der Umwidmung des Festes sind aber die charakteristischen Züge nomadischen Brauchtums erhalten geblieben. Für die Beduinen bedeutet der Frühling das Wiedererwachen des Lebens. Und so wird das Fest beim ersten Frühlingsvollmond gefeiert, wenn sich Sonnen- und Mondbahn in der Tag- und Nachtgleiche des Frühjahrs treffen. Da der jüdische Kalender ein Mondkalender ist, ergibt sich für das Passahfest immer die Nacht vom 14. auf den 15. Nisan.

Beim Schächten eines Schafes.

Frühlingsvollmond im Sinai. Das Passahfest muß immer vom 14. auf dem 15. Nisan gefeiert werden, zur Zeit der Frühjahrs-Tag-und-Nachtgleiche.

Heute wird am Sederabend, dem Vorabend des Passah, bei einer häuslichen Feier das Exoduserereignis genauestens rekapituliert. Sein mythischer Hintergrund liegt in dem Gedanken, daß Jahwe seinen Erstgeborenen Israel in dieser Nacht des Chaos mit der Stiftung des Passah gerettet hat. Beim nächtlichen Schlachten schützt das Blut an den Türpfosten vor dem Verderber. Das heißt, Jahwe bewahrt sein Volk sozusagen vor sich selbst, vor seiner zerstörenden Gewalt. Aus der regelmäßig wiederkehrenden Bedrohung der Beduinen durch die Gefahren beim Weidewechsel wurde das einmalige Geschehen der Exodusnacht.

Im heuten Judentum besteht das Passahmahl zwar noch aus einem Fleischgericht, ist aber nicht mehr mit dem Blut-

Das Ruinenfeld von Tanis. Hierher wurden die Monumente der Ramsesstadt verschleppt.

ritus verbunden. Das sogenannte *Mazzen-Essen* geht auf ein bäuerliches Fest in Kanaan zu Beginn der Getreideernte zurück. Auch das wurde schon früh historisiert, das heißt, auf die Exodussituation bezogen. Für eine Woche darf kein gesäuertes Brot genossen werden – als Symbol für einen Neuanfang, als Aufforderung an den Menschen, den »inneren Sauerteig« auszumisten.

Das verbindende Element von jüdischem Passah und christlichem Osterfest liegt in der Errettung aus dem Todes-Chaos durch die Auferstehung Christi. Im frühen Christentum gab es eine Gruppe, die großen Wert darauf legte, das Osterfest genau mit dem jüdischen Passah zusammen zu feiern. Seit diese sogenannten *Quartadezimaner* (lateinisch vierzehn für das Datum 14. Nisan) beim Konzil von Nicäa im Jahr 325 zu Ketzern erklärt wurden, darf das christliche Ostern nicht mehr zusammen mit dem Passah begangen werden. Selbst wenn beide Kalenderdaten zusammenfallen sollten, muß eine Verschiebung um eine Woche eintreten.

In der Streitwagengarnison des Pharao

Zwei abgehackte Füße stehen im üppig grünen Feld. Sie sind aus Stein. Der dazugehörende Kolossalkörper wurde vor Jahrtausenden weggebrochen. Doch eine Inschrift verrät noch, daß hier einmal eine Statue Ramses' II. stand. »O König, von Amun Geliebter! Wie schön war der Tag Deiner Anwesenheit, und wie schön erklang Deine Stimme, als Du bautest *Pi-Ramesse*.« Hymnen aus der Regierungszeit Ramses' II. preisen die Residenz der Ramessiden als Stätte unermeßlichen Glanzes und Reichtums, »innerhalb deren Grenzen die Sonne auf- und untergeht, in deren Umgebung sich jedermann niederläßt und in der jeder Tag einem Festtag

Im Gelände der Ramsesstadt bei Qantir stehen noch die Füße der Kolossalfigur Ramses' II.

gleicht.« Überschwenglich bejubeln die Texte die Vielfalt der Gewässer, Straßen und Tempel, den Überfluß an Nahrungsmitteln und Weingärten.

Lange Zeit hat man diese Stadt gesucht, die mit dem biblischen »Ramses« identisch sein soll. Ägyptische Quellen weisen auf das östliche Nildelta, nahe der damaligen Landesgrenze, hin. Als der französische Archäologe Pierre Montet vor mehr als fünfzig Jahren in Tanis, dem heutigen San el-Hagar, ein riesiges Ruinenfeld mit gewaltigen Resten ramessidischer Denkmäler freilegte, glaubte er und mit ihm die ganze Welt, endlich die alte Metropole gefunden zu haben. Lange Zeit blieb dies die offizielle Lesart bei den meisten Wissenschaftlern, Bibelatlanten und Reiseführern. Und das, obwohl die Trümmer von Tanis sich in einem Chaos präsentieren: Die Statuen standen völlig ungeordnet, die Obelisken waren vermutlich nie aufgerichtet, einige Architekturteile sogar in Mauern verbaut worden – die Inschriften auf dem Kopf stehend. Siedlungsschichten aus der Ramsessidenzeit fehlen vollkommen.

Und das bedeutet: Die Steinblöcke sind später hierhergeschafft worden; Tanis kann also nicht die Ramsesstadt gewesen sein.

Schon 1928 war der ägyptische Archäologe Mahmoud Hamza 25 Kilometer südlich von Tanis auf Türpfosten und -stürze mit der Titulatur Ramses' II. gestoßen. Zudem fand er Tausende blauer und türkisfarbener Fayencefliesen, die er als Wandverkleidung eines sonst aus Schlammziegeln gemauerten Palastes deutete. Hier standen, wie man heute weiß, die in den Hymnen besungenen »leuchtenden Gemächer aus Lapislazuli und Malachit«. 1954 grub sein Kollege Labib Habachi weitere Kacheln und eine Stele mit der Aufschrift *Piramesse* aus. Er vertrat dann auch als erster nachdrücklich die Lokalisierung der Ramsesstadt in Qantier-Tell el-Dab'a, 100 Kilometer nordöstlich von Kairo und 80 Kilometer westlich von Ismailia dicht bei der Bezirkshauptstadt Faqus gelegen.

Auf nahezu zehn Quadratkilometern dehnte sich der Kern der einstigen Anlage aus. Ramses II. gab ihr den Namen *Piramesse;* gegründet hat sie vermutlich sein Vorgänger Sethos I. – vielleicht aber auch schon Ramses I. – auf den Ruinen der alten Hyksosresidenz Auaris. Nach dem Ende der Ra-

Fayenceziegel aus der Ramsesstadt, deren »leuchtende Gemächer aus Lapislazuli und Malachit« in Hymnen gepriesen wurden.

messiden wurde die Stadt aufgegeben. Die nachfolgenden Bubastidenherrscher benutzten sie als Steinbruch und verschleppten die ungeheure Fülle an Monumenten ins neugegründete Tanis. Zurückgeblieben sind nur Bruchstücke, wie die beiden Füße im Feld.

Obwohl zwei archäologische Missionen seit vielen Jahren an der Erforschung der Ramsesstadt arbeiten, bleibt die Aufgabe gigantisch. Erschwerend kommt hinzu, daß das Gebiet fast lückenlos landwirtschaftlich genutzt wird. Die Wissenschaftler können deshalb nur nach der Fenstertechnik arbeiten: Sie pachten kleine Flächen gegen Zahlung einer Ernteausfall-Entschädigung und müssen das Areal nach der Grabungskampagne wieder zuschütten.

Detaillierte Untersuchungen zur Topographie durch den Leiter des österreichischen Grabungsteams, Professor Manfred Bietak, ergaben, daß sich im Umfeld der Ramsesstadt die wichtigsten Verkehrswege zu Wasser und zu Lande kreuzten. Die Nilarme und Hafenbecken sind heute versandet.

Auch von dem Palast und den Tempeln aus Nilschlammziegeln war bei der Freilegung nicht mehr viel zu sehen. Oft hatte sich nur noch die unterste Ziegelschicht erhalten. Haben die Hebräer der Bibel an diesen einst riesigen Monumenten mitgebaut?

Es fällt schwer, sich dem Reiz dieses Gedankens zu entziehen. Besonders, wenn man dem Ägyptologen Edgar Pusch nach Qantir, in den deutschen Teil der Grabung, folgt. Dort gibt es eine Bauschicht, die der Archäologe die »Streitwagengarnison« nennt.

Ein Exerzierplatz, weitläufige Stallungen und angegliederte Werkstätten lassen keinen Zweifel aufkommen, daß es sich hier um das »Hauptquartier Deiner Streitwagentruppen« handelt, wie es in den Texten über die Stadt heißt. Auf den geweißten Fußböden der Ställe hat man im letzten

Herbst Anbindesteine für die Pferde gefunden, draußen in den Höfen Mist- und Abfallhaufen, in einem Abschnitt sogar noch die Abdrücke von Pferdehufen im Stampflehm. Geborgen wurden Bauteile von Kampfwagen: Jochgabelknäufe, Abschlußscheiben für Achse, Deichsel und Rahmen, eine Nabenkappe, vergoldete Spezialnägel und Bronzeknöpfe, aber auch Schirrungsteile wie die Trense aus Bronze. Vermutlich wurden in den Werkstätten sogar ausgesprochene

Reste von Lehmziegelmauern in Tell el-Dab'a, der ehemaligen Ramsesstadt, die auf den Ruinen der Hyksosresidenz Auaris erbaut wurde.

Modell der Stallungen Ramses' II., deren Reste in Qantir freigelegt wurden.

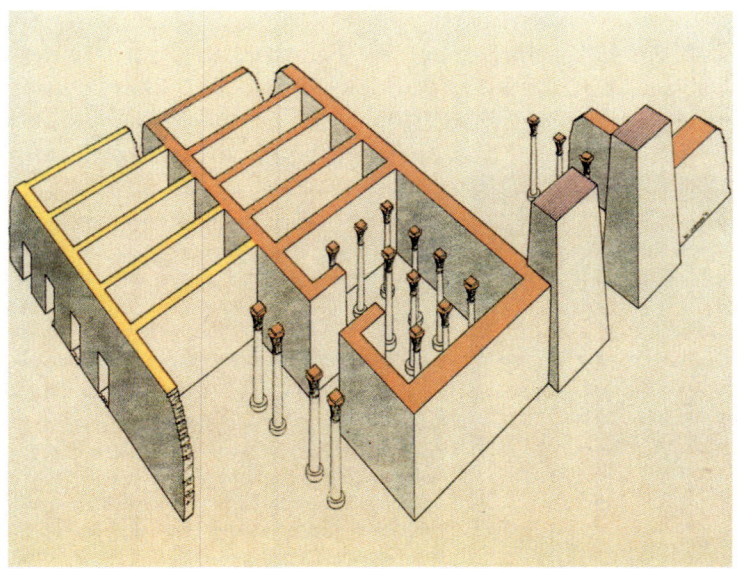

Prunkwagen hergestellt. Kurzschwerter, Lanzen- und Pfeil-spitzen, Spezialgeschosse in Bolzenform mit Widerhaken – die Bewaffnung der Streitwagentruppe macht die Vorstellung leicht, von hier aus könnte der Pharao die Verfolgung der Israeliten befohlen haben.

Vor einem Fundstück muß unsere Phantasie allerdings haltmachen. Es gab in dieser Stadt einen Offizier mit dem Allerweltsnamen Mose, den Ramses II. mit dem Ehrengold belohnte.

Die Szene ist dargestellt auf einer Stele. Im Hildesheimer Pelizaeus-Museum, das die Konzession für die Grabung in Qantir hält, kann man sie besichtigen. »Aber«, so sagt Direktor Arne Eggebrecht, »dieser Mose kann beim besten Willen nicht mit der Figur aus der Bibel in Zusammenhang gebracht werden.«

Flucht aus der Fronstadt

Daß das biblische Ramses mit *Piramesse* in Qantir-Tell el-Dab'a und Ramses II. mit dem »Pharao der Bedrückung« gleichgesetzt werden darf, ist einer der ganz wenigen un-

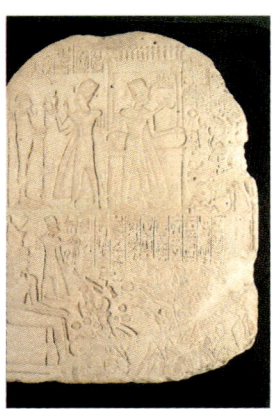

strittigen Punkte in der Exodusforschung. Hier verzahnen sich die Anfänge der Geschichte Israels mit der Geschichte des ägyptischen Neuen Reiches.

Somit dürfte auch das biblische Land *Gosen* im heutigen Wadi Tumi-

Die Stele, gefunden in Qantir, verewigt das herausragende Ereignis in der militärischen Laufbahn des Offiziers Mose: die Verleihung des »Ehrengoldes« aus der Hand des Kriegsherrn Ramses' II. (Szene links unten, links oben opfert Ramses II.).

Heute glauben die Wissenschaftler, daß nur wenige hundert Menschen zur Exodusgruppe gehörten.

lat zu suchen sein, obwohl ägyptische Texte Gosen nicht erwähnen.

Pithom, die zweite biblische Stadt, in der die Hebräer Frondienste verrichten mußten, wurde dagegen noch nicht eindeutig identifiziert. Lange Zeit glaubte man an den Tell el-Maschuta, doch reichten dessen Siedlungsschichten nicht bis ins 13. Jahrhundert von Christus zurück. Heute sucht man *Pithom* eher in der Region des Tell el-Rotaba, südlich der Autostraße Kairo-Ismailia.

Die Menschengruppe, die dem Arbeitsdienst in Ägypten entflohen ist, näher zu bestimmen, bleibt schwierig. Möglicherweise waren es Halbnomaden, denen sich kriegsgefangene Schasu-Beduinen oder Tempelsklaven anschlossen. Die Bezeichnung »Hebräer« könnte auf ethnische Uneinheitlichkeiten oder auf einen sozial minderen Status hinweisen. Denn es zog allerlei zugelaufenes Volk mit den Hebräern aus, wie die Bibel erzählt.

Die im Alten Testament genannte Zahl von 600 000 Männern ist absolut unrealistisch. Denn zusammen mit Frauen und Kindern müßten das ungefähr zwei Millionen Menschen gewesen sein. Es gab Deutungen, wonach das Wort »Tausend« mit Familie gleichzusetzen wäre. Die neuesten Theorien sprechen jedoch nur noch von einer sehr kleinen Gruppe von höchstens einigen hundert Flüchtlingen.

Die Frage, auf welchem Weg sie die Ramsesstadt verlassen haben könnten, wirft sogleich die nächste Frage auf: Wo lag das Schilfmeer?

Eine Lagune zwischen Wassermauern

Wie so oft, hilft uns die Bibel auch bei der Suche nach dem Schilfmeer nicht weiter. Sie macht zwar präzise Ortsangaben, die sich jedoch nicht zu einem historisch vorstellbaren Fluchtweg zusammenfügen.

Die Chronisten waren nun mal keine Augenzeugen. Sie lokalisierten das Schilfmeer einerseits aufgrund ihrer jeweiligen geographischen Kenntnisse, suchten aber andererseits eine Szenerie, die ihren theologischen Vorstellungen entsprach. Einig sind sie sich nur über die Ramsesstadt als Ausgangspunkt der Flucht.

Das haben sie mit den Forschern gemeinsam. Fünf verschiedene Definitionen stehen zur Diskussion. Zwei davon halten einer näheren Überprüfung nicht stand.

Die Vertreter der Bitterseen-Theorie führen nur ganz allgemein »verschiedene Anhaltspunkte« an, die wenig konkret und nicht überzeugend klingen.

Gegen den Golf von Akaba spricht in erster Linie die weite Entfernung von etwa 300 Kilometern zur Ramsesstadt. Hätten die Ägypter mit ihren schnellen Streitwagen ein wanderndes Häuflein nicht viel eher einholen müssen?

Die schmale Nehrung am Sirbonischen See: eine Lokalisierung für das Schilf-meer. Hier hat man den Eindruck, »durch« das Wasser zu gehen.

Abgesehen davon, daß es am Roten Meer überhaupt kein Schilf gibt, basiert diese Interpretation auf einer Bibelstelle, in der von König Salomo und Eilat »am Ufer des Schilfmee-res« die Rede ist (1. Kön.9,26). Vielleicht rückte man auch den Ort des Meerwunders in späterer Zeit einfach nur in geographische Nähe zu den Midianitern.

Einzig die Lokalisierung der Priesterschrift hat die Qua-lität eines verläßlichen Reiseführers: »... daß sie umkehren und sich lagern bei Pihachiroth zwischen Migdol und dem Meer, vor Baal-Zephon« (Ex. 14,1–2; 9).

Vielleicht war der Chronist selbst im Nordsinai und hat die Lagune gesehen, die den Sirbonischen See, heute Barda-wil-See genannt, vom Mittelmeer trennt. Hoch oben auf einer Sanddüne stand das Heiligtum, in dem Baal Zephon und spä-ter sein hellenistischer Nachfolger Zeus Kasios als Bezwin-ger des Meeres und als Schutzherr der Seefahrer verehrt wurden. Seit dem 6. Jahrhundert vor Christus führte eine vielbegangene Piste über die schmale Nehrung nach Ägyp-

ten. Hier konnte man bei nor-
maler Brandung wirklich das
»Wunder« empfinden, zwischen
»Wassermauern« mitten durch
das Meer zu gehen. Seit die Tür-
ken große Breschen in diese Lagune geschlagen haben, ist sie
nicht mehr vollständig passier-
bar. Gefährlich wird dieser Weg
allerdings bei stürmischem Meer.
Wie uns die Fischer erzählten,
schlagen die Wasser dann über
die schmale Landbrücke hinweg.
Schon in der Antike verbanden
sich mit der Region Vorstellungen von plötzlich einsetzenden
Fluten, von See- und Erdbeben
und heimtückischen Schlamm-
löchern.

*Landschaft im Nordsinai in der
Nähe der alten Grenzfestung Sile.*

*Professor Eliezer Oren, der zehn
Jahre lang im Nordsinai ausgegraben hat, mit Helga Lippert auf
dem Weg nach El Qals.*

Der Historiker Diodorus Siculus schreibt im 1. Jahrhundert vor Christus: »Viele von denen, die die Eigentümlichkeiten der Gegend nicht kannten, sind hier mit ganzen Heeren untergegangen.«

Noch plastischer schildert es Diodors Zeitgenosse, der Geograph Strabo: Als die Soldaten »an dieser Stelle zurückgelassen waren, überströmte einer Flut gleich eine Woge aus dem Meere die Fliehenden und riß die einen ins Meer und tötete sie, während die anderen in den ausgetieften Stellen tot liegenblieben. Die dann folgende Ebbe ließ das Land wieder hervortreten und zeigte die Leichen der da Liegenden mit toten Fischen vermischt.« So eindrucksvoll dieser Fluchtweg »durch« das Meer auch aussehen mag, so sprechen doch zwei entscheidende Gründe dagegen. Um von Gosen zur Sirbonischen Nehrung zu kommen, hätten

Nach archäologischen Plänen von Professor Oren hat die Jerusalemer Malerin Anna Yamima den Horusweg rekonstruiert. Links oben die Grenzfestung Sile.

Sethos I. mit der sogenannten Landkarte vom Horusweg. Sie zeigt die Grenzfestung Sile. Darstellung im Tempel von Karnak.

die Israeliten den Horusweg in unmittelbarer Nähe der Grenzfestung Sile überqueren müssen. Undenkbar, daß eine größere Anzahl von Menschen unbemerkt durch das enge Kontrollnetz der Ägypter geschlüpft wäre. Die Verfolgung flüchtiger Staatsarbeiter gehörte ja gerade zu den Aufgaben der Militärs und Beamten, wie der Brief eines Kommandanten dokumentiert. Er ließ weit über die eigentliche Staatsgrenze hinaus nach zwei entlaufenen Sklaven fahnden!

Übrigens fand der ägyptische Archäologe Abdel Maksoud erst kürzlich das langgesuchte Sile, das Sethos I. auf einer Tempelwand in Karnak so beeindruckend hat darstellen lassen, am Tell Hebua. Die Reste der Lehmziegelmauern lassen noch erkennen, daß Sile die mächtigste Festung zur Sicherung des Horusweges war, der schnellsten Verbindung zwischen Ägypten und Palästina – später auch Philisterstraße oder *Via Maris* genannt.

Die Bibel sagt sogar ausdrücklich, daß die Flüchtlinge diesen Weg nicht genommen haben (Ex. 13,17). Doch selbst wenn die Israeliten ohne Zwischenfall die Sirbonische Nehrung erreicht hätten, wären sie später wieder auf den Horusweg gestoßen. Und entlang dieses Festungsgürtels kontrollierten die Ägypter sogar alle Brunnen.

Während der israelischen Besetzung des Sinai grub ein Team der Universität Beersheba über zehn Jahre lang im gesamten Nordteil der Halbinsel. Die Wisschenschaftler untersuchten achthundert größere und kleinere Fundstellen.

Aus dem 13. Jahrhundert vor Christus gibt es nur ägyptische Zeugnisse. Alle anderen Siedlungsreste sind aus persischer Zeit. Und das macht die Identifizerung vieler Plätze als Stätten des Exodus hinfällig.

Professor Eliezer Oren ist mit uns vor Ort gewesen. Der Archäologe leitete damals die israelische Expedition. Doch wir sahen kaum noch Spuren seiner Arbeit. Der Wüstensand hatte alles wieder zugeweht. Zugeweht, ebenso wie das Heiligtum des Baal Zephon bei Ras Qasrun oder El Qals auf der Sirbonischen Nehrung. Auch dort gab es keinerlei Befund aus vorpersischer Zeit. Doch wenn man hoch oben auf der Düne steht und die schmale Landbrücke überblickt, dann versteht man sofort, welch einen grandiosen Ort der Verfasser der Priesterschrift für seine Lokalisierung des Meerwunders gewählt hat.

Das Schilfmeer der christlichen Tradition

Die frühchristliche Tradition legt den Durchzug durchs Schilfmeer an den Nordausgang des Golfes von Suez. Der Pilger von Piacenza bereiste um 570 Ägypten und den Sinai. In der Nähe des heutigen Suez beschreibt er die Stelle des Meerwunders: »Bei Ebbe erscheint ein Bild – die Kriegsgeräte des Pharao und die Spuren der Wagenräder, aber alle Kriegsgeräte in Marmor verwandelt.«

Der Untergang des ägyptischen Heeres im Schilfmeer. Aus der Bibel von Gustave Doré.

Daß man den Golf von Suez an seinem Nordende bis zum Bau des Kanals im letzten Jahrhundert tatsächlich überqueren konnte, dafür gibt es zeitgenössische Quellen: Der Reisende Joseph Russegger schreibt am 15. Oktober 1838 in sein Tagebuch: »Um die Ebbe zum Durchreiten des Meeresarmes zu benützen, der Sues vom arabischen Ufer trennt, brachen wir sehr früh auf. Wir ritten eine Stunde gerade gegen Nord, dann eine Stunde, den Meeresarm durchkreuzend, was der Ebbe wegen ohne Schwierigkeit geschah, in OOS. und wieder eine Stunde in SSO., worauf wir uns Sues gerade gegenüber befanden. Der Boden, worüber wir ritten, ist ein schlammiger Sandboden, theils mit einer Salzkruste, theils noch mit dem Wasser der letzten Fluth bedeckt, das stellenweise den Kamelen bis über die Kniegelenke reichte und ihren Gang ungemein erschwerte.

Wählte einst der unkluge, hitzige Pharao eine nur etwas näher gegen die Stadt zu liegende Stelle zur Durchkreuzung des Meeresarmes auf seinem Verfolgungszug gegen die Israeliten und wurde er dort auch nur von einer gewöhnlichen starken Fluth erreicht, so erklärt sich der Untergang seiner Schaaren ganz natürlich, ohne dass wir zu besonderen Hypothesen desshalb unsere Zuflucht zu nehmen brauchten.«

Dieses Schicksal hätte Napoleon Bonaparte während seiner Ägyptenexpedition um Haaresbreite ereilt. Am 28. Dezember 1798 besuchte er in Begleitung von Militärs und Gelehrten die sogenannte Mosesquelle. Die Gruppe ritt durch eine Furt von Suez aus ans Ostufer des Golfes. Auf dem Rückweg wurde der Trupp von der zurückkehrenden Flut überrascht und wäre beinahe ertrunken. Einer der Generäle blieb mit seinem Holzbein im Sumpf stecken und konnte nur mit Mühe gerettet werden.

1992 ging eine Untersuchung der Ozeanographen Doron Nof und Nathan Paldor durch die Weltpresse. Die Forscher bestätigen das Alte Testament und die oben zitierten Berichte der Reisenden.

Ihren Berechnungen zufolge verdrängt starker Ostwind das Wasser im flachen engen Golfgebiet. Mit steigendem Winddruck steigt auch die Wasserspiegelschwankung. Sie kann zwischen 3 und 5,8 Meter betragen. Auch atmosphärische Druckunterschiede spielen eine Rolle. Schon bei mäßigem Wind kann das Wasser am Ausgang des Golfes von Suez auf einer Länge von einem Kilometer innerhalb von zehn Stunden bis auf den Grund zurückweichen. Entspannt sich der Wind langsam, kommt es zu einer graduellen Rückkehr des Wassers; das ist ungefährlich, denn es bleibt genügend Zeit, um das Ufer zu erreichen. Wechselt der Wind jedoch abrupt, wäre die Furt bereits nach vier Minuten überschwemmt. Solche Erscheinungen sind heute nicht mehr zu beobachten. Der Suezkanal hat die Landschaft völlig verändert und neue Bedingungen geschaffen.

Auf Schleichpfaden in die Freiheit

Mit Sicherheit gab es aber auch am Golf von Suez kein Schilf. Das hebräische Wort *suf* entspricht dem ägyptischen Wort Papyrus und meint somit ein Süßwasserschilf. Ein Schilfmeer ist im Ägyptischen nicht belegt, wohl aber ein »Schilfland«. Gemeint war damit eine sumpfige Gegend im Norden des Deltas, wo reichlich Papyrus wuchs.

Professor Manfred Bietak erklärt seine Lokalisierung des Schilfmeeres.

Menschen, die von der Ramsesstadt aus in den Sinai fliehen wollten, hatten zwei wichtige Punkte zu beachten: Sie mußten unbemerkt an den Grenzposten vorbeikommen und einen Weg wählen, auf

dem sie Trinkwasser fanden. Manfred Bietak, der Grabungs-
leiter von Tell el-Dab'a, kennt die Topographie des östlichen
Nildeltas wohl am besten. Das ganze Gebiet war im Altertum durchzogen von einem Netz aus Seen, Kanälen und
Entwässerungssystemen. Die geographisch wahrscheinlich-
ste Route führt nach Ansicht des Archäologen durch eine
Furt des Ballah-Sees, der auch nach Vergleich des Textmate-
rials für die Bezeichnung *yam suf,* Schilfmeer, von allen Ge-
wässern an der Ostgrenze Ägyptens am ehesten in Frage
kommt. Der Durchzug durch diesen See läßt sich zudem in
einen logischen Zusammenhang mit der Wüstenroute bringen. Baal Zephon läge nach dieser Interpretation in Defen-
ne oder seiner unmittelbaren Nähe.

Der Weg um den Ballah-See herum hätte einen Marsch von
mehreren Tagen durch wasserlose Wüste bedeutet. Zudem
war die Strecke leicht kontrollierbar. Doch die Beduinen

*Eine Furt durch den Ballah-See war der einzige Weg, der ohne Kontrollen aus
Ägypten führte.*

kannten sicher den Schleichpfad durch die Furt, bot er doch die einzige Chance, Ägypten heimlich zu verlassen. Vielleicht hatte Mose den Pfad schon bei seiner Flucht nach Midian kennengelernt.

Nach Ansicht von Experten hätten plötzlich umschlagende Winde auch hier den Wasserspiegel so stark steigen lassen können, daß Menschen auf ihrem Weg durch die Furt innerhalb kürzester Zeit ertrunken wären.

Die Herren der Wüste

Wenn der Jeep abseits der Landstraße irgendwo im Sinai hält, taucht man schlagartig ein in eine grandiose Kulisse aus Sand und Felsen, von der Natur in Jahrmillionen zu bizarren Kunstwerken geformt.

Mittagspause. Die Beduinen sammeln trockene Zweige, entfachen ein Feuer und kochen Tee. Sheikh Chmed persönlich knetet einen Teig aus Mehl, Wasser und Salz. Wenig später gart das Brot in der Glut. Die Bohnen und der Fisch kommen heutzutage zwar aus der Dose, und das Wasser wurde in Kanistern mitgebracht.

Dennoch spürt man, daß diese Männer auch ohne die Segnungen der Zivilisation in der Wüste überleben könnten. Nichts entgeht ihren wachsamen Augen. Sie sehen die Spur des Skorpions und der Schlange, sie merken, wenn ein Sandsturm

Mittagspause in der Wüste.

Die Nawamis sind die ältesten Steinbauten mit Dächern. Hier, so erzählen die Beduinen, hätten die Israeliten Schutz vor Stechmücken gesucht.

aufzieht, sie erkennen selbst die feinsten Wasserläufe, denn sie leben in enger Verbindung mit der Natur, so wie ihre Vorfahren es seit Urzeiten praktiziert haben.

Die archäologische Erforschung des Sinai weist Siedlungsspuren einer halbseßhaften Bevölkerung seit dem 4. Jahrtausend vor Christus nach. Ein besonders eindrucksvolles Zeugnis dieser Frühphase sind die vierzig sogenannten *Nawamis* bei Ain Hudra, kleine kreisrunde Anlagen – die ältesten Steinbauten mit Dächern, noch älter als die Pyramiden. Sie wurden als Gräber genutzt. In diesen »Hütten«, so erzählen sich die Beduinen, hätten sich die Israeliten bei ihrem Zug durch die Wüste vor einer Stechmückenplage zu retten versucht. Die Legende erklärt damit den arabischen Namen *Nawamis,* der »Stechmücken« oder »Fliegen« bedeutet. Möglicherweise wurden diese Bauten in byzantinischer Zeit Reisenden als »Lustgräber« gezeigt, von denen das Buch Numeri erzählt (Num. 11,34).

Die Beduinen sind noch heute ähnlich organisiert wie zu Zeiten des Alten Testaments. Die einzelnen Stämme, in Verbänden zusammengeschlossen, binden sich mit Schutz-, Adoptions-, Verteidigungs- und Friedensverträgen. Auch Weideregionen und Brunnenbenutzung sind genau festgelegt.

Die klimatischen und topographischen Bedingungen der Wüste prägen die Normen des Zusammenlebens. Der Hirte, der mit seiner kleinen Herde einsame Gegenden durchzieht, die Familie, die im Dunkel der Nacht lagert, das Mädchen, das die Ziegen weitab der Zelte weidet, sie alle brauchen einen rechtlich verankerten Schutz: das absolute Tabu der Verletzung menschlichen Lebens und persönlicher Integrität und des persönlichen Besitzes.

In früherer Zeit wechselten die Beduinen mindestens zweimal im Jahr den Lagerplatz. Heute werden sie mehr und mehr seßhaft.

Schwere Eigentumsdelikte wurden noch bis vor kurzem mit Stammesausschluß geahndet. Jeder Nomade kann zum Beispiel sein Winterzelt an einen Akazienbaum hängen, wenn er weiterzieht, Kochtöpfe an der Feuerstelle und den Ziegenbalg mit Wasser oder Milch im Freien deponieren. Niemand würde die Dinge berühren.

Auch die sprichwörtliche Tugend der Gastfreundschaft und der Brauch, einem Fremden Asyl zu gewähren, gehören zum ungeschriebenen Gesetz. Wüstenbewohner kennen die Gefährdungen des Lebens und haben Hunger und Durst ständig am eigenen Leib erfahren müssen.

Bis in die Neuzeit haben halb seßhafte Stämme ihren Lagerplatz mindestens zweimal im Jahr gewechselt, um Nahrung für sich und ihre Tiere zu finden. Heute wohnen sie

Beduinenfrauen beim Mahlen des Getreides.

»Hängende Gärten« in einem schmalen Hochtal des Sinai.

eher in festen Dörfern mit Hütten. Echte Nomaden gibt es zunehmend weniger.

Und doch leben viele Beduinen ständig am Rand des Existenzminimums; anderen wiederum hat der Tourismus bescheidenen Wohlstand gebracht. Daß sich einige Stämme mit Drogenschmuggel über Wasser halten, gilt als offenes Geheimnis.

Die Wüstenbewohner ernähren sich hauptsächlich von Fladenbrot, Milchprodukten und Gemüse. Fleisch gibt es nur selten. Tee, Kaffee und Tabak gehören zu den begehrten Genußmitteln. Vor allem die Frauen haben eine erstaunliche Fertigkeit entwickelt, die spärlichen Gaben der Natur geschickt zu nutzen. Sie fertigen Nadeln aus den Dornen der Akazie, Spindeln und Webstühle aus ihren Zweigen. Die

143

Dattelpalme bietet nicht nur Nahrung für Mensch und Tier, aus den Blättern baut man Hütten und Zäune, oder verwendet sie zur Herstellung von Seilen und Körben. Inzwischen verdrängt jedoch modernes Gerät aus Plastik und Blech zunehmend die traditionellen Utensilien.

Das Überleben in einer Wüste entscheiden jedoch die Wasservorräte. Von größter Bedeutung für die Region sind die Winter, in denen es ausgiebig regnet. Im Zentralmassiv des Südsinai mit seinen hochragenden Granit-, Gneis- und Schieferbergen halten undurchlässige Gesteinsschichten das Regenwasser fest. Vor allem der rote Granit leitet selbst geringe Niederschlagsmengen in kleine Täler mit fruchtbarem Boden ab. So kommt es, daß wir mitten in den schmalen Hochtälern der Steinwüste plötzlich staunend vor Obstgärten mit Äpfeln, Mandeln, Weintrauben, auch Pfirsichen, Aprikosen und Granatäpfeln stehen.

Über vierhundert solcher »hängender Gärten« werden im Gebirge des Südsinai gezählt. Die ältesten wurden schon im 4. Jahrhundert nach Christus von den ersten Mönchen um das Katharinenkloster angelegt. Die meisten sind auch heute noch in seinem Besitz; bewirtschaftet werden sie von Beduinen. In tiefer gelegenen Regionen lassen Grundwasserbrunnen, Quellen, Sickerrinnsale und die stellenweise auftretende Bodenfeuchtigkeit ausgedehnte Palmenoasen, Akazien, Tamarisken und mannshohe Besenginster wachsen.

Die Forscher sprechen neuerdings von »ökologischen Nischen« in der Wüste, wo kleinere beduinisch organisierte Gruppen auch dann noch existieren konnten, wenn andere Regionen, etwa im Kulturland, in Dürrezeiten menschenleer geworden waren.

Die Israeliten verließen das üppig grüne und fruchtbare Nildelta, um dem Frondienst zu entkommen. Psychologisch treffend schildert die biblische Erzählung, daß sie – kaum sahen sie sich den ungewohnt harten Lebensbedingungen des

Sinai ausgesetzt – zu »murren« begannen und sich nach den »Fleischtöpfen Ägyptens« zurücksehnten.

Lektionen aus dem Lehrbuch Gottes

Daß sich gerade um die Wüstenwanderung Wunderge-schichten ranken, überrascht nicht. Die Israeliten erfahren, wer sie in äußerster Not vor dem Verdursten, Verhungern und vor Feinden bewahrt. Die Bibel gestaltet diese Erzäh-lungen als Lehrstücke.

Vermutlich beruhen die Berichte von den Wundern, ge-nauso wie die von den Plagen, auf lokalen Sagen oder Na-turbeobachtungen, die dann zur Verherrlichung Jahwes ins Wunderhafte gesteigert wurden. Populärwissenschaftliche Werke beschreiben diese Erscheinungen als ganz alltägliche

Ain Malha, die salzig-bittere Quelle.

Vorgänge, die immer noch überall im Sinai bekannt seien. Wir sind dem nachgegangen.

Beginnen wir mit der Geschichte an der Quelle Mara. Mose warf ein Holz in das bittere Wasser und machte es damit süß (Ex. 15,22–26). Heute sollen die Hirten das mit den Ästen der Berberitze praktizieren, kann man verschiedentlich lesen. Also, glaubten wir, müßte dieses »Wunder« im Sinai doch ganz einfach aufzuspüren sein.

Doch zunächst kannte niemand eine Quelle mit bitterem Wasser. Dann endlich erzählte ein Beduine von einem Platz namens »Ain Malha«. Ich fuhrt mit dem Mann dorthin, mehr als drei Stunden mit dem Jeep vom Wadi Gharandal aus.

Die Piste führt durch eine atemberaubend schöne Landschaft ständig bergauf, bis sich der Blick auf ein weites Tal öffnet. Die weißliche Farbe der umliegenden Berge läßt auf einen hohen Salz und Mineralgehalt des Bodens schließen. So müssen die Trinkwasserbrunnen in diesem Gebiet bis zu zwanzig Meter tief gebohrt werden.

Es war schon dunkel, als mich die Beduinen zur Quelle »Ain Malha« brachten. Ich probierte das Wasser; es schmeckte tatsächlich bitter und war von leicht öliger Konsistenz. Die Männer erzählten, noch ihre Väter und Großväter hätten das Wasser mit Hilfe dreier verschiedener Pflanzen trinkbar gemacht. Heute sei das nicht mehr üblich, da man ausreichend gute Brunnen habe. Das klang überzeugend.

Ich verabredete, in vierzehn Tagen mit dem Kamerateam wiederzukommen. Die Beduinen wollten in der Zwischenzeit die Pflanzen besorgen.

Nie werde ich die Blicke meines Teams vergessen, als wir dann alle gemeinsam die Quelle aufsuchten. An diesem Tag hielt ich mich schließlich selbst für verrückt. Nicht nur, daß

sich die »Wunderpflanzen« als simple Heil- und Küchen-
kräuter entpuppten. Viel schlimmer: Das Wasser schmeckte
völlig normal, keine Spur von Bitterkeit!

Hatte ich alles nur geträumt? Was war geschehen?

Später erklärte ein Fachmann, daß es immer einige Wochen dauert, bis nach den Winterregen die Brunnen neu ge-
speist werden, weil sich das Wasser unter der Erde erst
sammeln muß. Offenbar war inzwischen neues Wasser in
die Quelle gesickert, hatte den alten Bestand verdünnt und
den Geschmack neutralisiert. Der Wasserspiegel lag bei
meinem zweiten Besuch tatsächlich mindestens eineinhalb
Meter höher als vorher.

Die Wasserspezialisten Auwad und Iyad graben im Boden eines Wadis eine
»tmile«, ein Wasserloch.

Vier Monate später, im Hochsommer, war ich dann ein drittes Mal vor Ort. Der Wasserspiegel war wieder abgesackt, das Wasser schmeckte wie beim ersten Mal bitter-salzig, was auf eine hohe Konzentration von Sulfaten zurückzuführen ist.

Bewiesen ist damit lediglich, daß es im Sinai mindestens eine Bitterquelle gibt. Sie trägt sogar den Namen »Ain Malha«, das heißt die »salzig-bittere Quelle« – entsprechend dem hebräischen *Mara*. Ob man sie jemals mit einem Holz genießbar machen konnte, war nicht nachzuweisen.

Die Berberitze, bei uns auch unter dem Namen Sauerdorn bekannt, ist in Europa und Mittelasien heimisch. Nach Auskunft von Botanikern kann sie als eine der wenigen Pflanzen dem Wasser wirklich Bitterstoffe entziehen, doch war und ist sie im Sinai nach unseren Recherchen überhaupt nicht zu finden. Wir hatten Berberitzenäste mitgenommen, doch die Beduinen kannten diese Pflanze nicht.

In der Bibel wird bei der *Mara*-Erzählung übrigens noch das sehr reale Problem von Krankheit, Infektion und Tod angesprochen. Mose »heilt« das Wasser mit Holz. Das gilt als versteckter Hinweis, daß er magische Heilkunst beherrschte. In später hinzugefügten Versen wird daraus der theologische Lehrsatz: »Jahwe ist dein Arzt.«

Beim zweiten Wasserwunder der Bibel, in Massa und Meriba, schlug Mose mit seinem Zauberstab an einen Fels, das Wasser schoß heraus, und das Volk konnte trinken (Ex. 17, 1-7).

Werner Keller berichtet in seinem Bestseller »Und die Bibel hat doch recht« von einem Sergeanten des Sinai-Kamelkorps, der in den dreißiger Jahren zufällig durch kräftige Schläge auf einen verwitterten Kalksteinfelsen im Südsinai einen dicken Wasserstrahl »hervorzauberte«. Das soll angeblich jeder Reiseleiter auch können. Wir haben keinen getroffen, der auch nur davon gehört hätte. Selbst die Beduinen kennen dieses Phänomen nicht.

Daß Wasser aus felsigem Grund sickert, ist nichts Besonderes. Und wenn man ein bißchen nachkratzt, da, wo Moose und Flechten wachsen oder eine dünne Kalkschicht liegt, mag das Naß vielleicht ein bißchen reichlicher fließen. Aber daß ein dicker Strahl käme, davon hat kein Beduine je gehört. Und die beherrschen ja die Technik des Wassersuchens am besten, wenn auch auf andere Art: Wir begleiteten Auwad und Iyad in ein Wadi nahe Dahab. Die Spezialisten fanden die geeignete Stelle dort, wo sich eine schwarze Ader durch den roten Granit zieht. Sie läuft unter dem Boden weiter und hindert das Wasser am Versickern. Die Beduinen begannen, mit den Händen im Sand eine sogenannte »tmile« zu graben. Schon nach einigen Minuten wurde der Grund feucht, und dann schöpften die Männer lachend einen ganzen Eimer köstlich schmeckenden Wassers mitten aus der Wüste. Verblüffend! Jeder von uns ahnungslosen Europäern wäre rettungslos verdurstet, hätte ihn ein unglücklicher Umstand an diesem Ort stranden lassen. So haben wir unser »Wasserwunder« doch noch erlebt!

Das Geheimnis der Himmelsspeise

Der erste Beduine, den wir fragten, hatte angeblich vier Kilo der sagenumwobenen Himmelsspeise gegessen und fühlte sich eine Woche berauscht; dem zweiten soll unsäglich schlecht davon geworden sein; die meisten kannten nicht einmal das Wort. Die ersten Recherchen endeten in einem Wust von Gerüchten.

In der Bundesrepublik liegt eine zweibändige Dissertation darüber vor, aber der Autor hat »es« offenbar auch nicht selbst gesehen; und fast alle Theologen erklären »es« von vornherein zum Wunder.

»*Man Hu?*« – »Was ist das?« – fragten auch die Israeliten erstaunt, als sie die kleinen runden Körnchen zum ersten Mal einsammelten; sie sahen aus wie »Reif auf der Erde« und schmeckten »wie Semmel und Honig«. Jahwe schickte die Speise als »Brot des Himmels« in einer Zeit des Hungers. Die Wüstenwanderer aßen es vierzig Jahre lang, bis sie ins Land Kanaan kamen (Ex. 16).

Schon im Altertum gab es vielfältige Berichte über das *Manna*. Frühe Sinaipilger erfuhren im Katharinenkloster, Manna stamme von Tamariskenbäumen aus den umliegenden Wadis. Im Kloster hortete man ganze Fässer voll davon und verschenkte es an Besucher. Heute tun die Mönche das nicht mehr.

Wie das Manna der Tamariske entsteht, konnte aber niemand genau sagen. Erst 1927 klärte eine Expedition der Hebräischen Universität Jerusalem unter Leitung von Friedrich Simon Bodenheimer das Phänomen. Seitdem wissen wir, daß auf der Mannatamariske Schildläuse schmarotzen. Sie müssen beträchtliche Mengen Pflanzensaft saugen, um das nur spärlich darin enthaltene, für ihre Larven aufbauwichtige Nitrogen zu erhalten. Den Überschuß scheiden sie als sogenannten Honigtau wieder aus. Die Läuse spritzen nachts unzählige glasklare, sehr süße Tröpfchen von sich. Diese kleben wir Tauperlen auf den Zweigen oder fallen zu Boden. Wegen ihres süßen Geschmacks werden sie mit Vor-

Professor Avinoam Danin aus Jerusalem mit Beduinen im Gespräch über Manna.

Links: Zweig des im Südsinai verbreiteten Strauches Hammada salicornica *mit Mannatropfen. Rechts: Tamariskenmanna am Zweig.*

liebe von Ameisen gefressen. Die chemische Analyse des Produkts weist Glukosen, Fructosen und Spuren von Pectin nach.

Sobald die Sonne kommt, schmelzen die Kügelchen. Deshalb sammelt man sie frühmorgens, wenn ihre Konsistenz noch fest ist.

Manna findet man nur im Hochsommer und nur nach regenreichen Wintern. Die Tamarisken brauchen genügend Feuchtigkeit zur Produktion des Pflanzensaftes. In Trockenperioden gibt es unter Umständen jahrelang überhaupt kein Manna. Früher ernteten die Beduinen im Sinaigebiet

Im Garten des Beduinen Fathy (rechts) fand die Suche nach dem Manna ein glückliches Ende (links die Autorin).

151

bis zu 600 Kilogramm Manna. Sie verwendeten es als Honigersatz und bereiteten daraus auch ein süßes Getränk.

Bei soviel konkreten Vorgaben müßte es doch ganz einfach sein, Manna zu finden, dachten wir. Doch hat sich im Sinai vieles verändert. Kaum jemand kennt überhaupt noch die weißen Kügelchen; in großen Mengen erntet man sie sowieso nicht mehr.

Wir riefen Professor Avinoam Danin von der Hebräischen Universität Jerusalem zu Hilfe, Er hatte Ende der sechziger Jahre auch an anderen Pflanzen Manna entdeckt, besonders an dem im Südsinai weitverbreiteten Wüstenstrauch *Hammada salicornica*. Er sondert weiße Tropfen von vier bis zehn Millimeter Länge ab. Welches Insekt die Sekretion hier bewirkt, ist noch nicht eindeutig geklärt.

Bei allem Respekt vor den Wundern der Bibel, das Manna hatte ich mir fest in den Kopf gesetzt. Wenn auch sonst nichts zu beweisen sein sollte, das Manna wollte ich sehen!

Mit Avinoam Danin fanden wir dann zunächst Fathy, den Besitzer eines wundervollen Gartens, in dem auch Mannatamarisken stehen. Er war der erste Beduine, der das Naturprodukt genauso beschrieb wie die Bibel. Und – er hatte es im Vorjahr noch in kleinen Mengen gesammelt! Aber wir waren zu früh gekommen. Im Winter habe es auch nicht ausreichend geregnet, sagte Fathy. Vermutlich werde es in diesem Jahr überhaupt kein Manna geben.

Wir sind dann nach einigen Monaten noch einmal zu Fathy gefahren. Und wirklich! Weiße Kügelchen hingen an den Tamarisken. Riesige Ameisen fraßen sich daran satt. Manna – nach langer vergeblicher Mühe ein wahres Wunder! Wie hatte der Naturwissenschaftler Danin zum Abschied erklärt: »All diese Naturphänomene sind nicht das Manna der Bibel. Denn das ist ein Wunder Gottes.«

Genau das will die Geschichte theologisch ausdrücken. Die Menschen sollen sich nicht sorgen, Gott ernährt sie.

Das Katharinenkloster im Südsinai wurde im 4. Jahrhundert gegründet.

Verbunden wurde damit später die Einführung des Sabbatgesetzes. Am siebten Tag nämlich sammelten die Israeliten keine Himmelsspeise.

Das Neue Testament knüpft an die Mannaerzählung an mit dem Vers: »Sie säen nicht, sie ernten nicht, und ihr himmlischer Vater ernähret sie doch.« Und im Vaterunser heißt es: »Unser täglich Brot gib uns heute.«

Besuch im Wüstenkloster

Hunderte von Pilgern schieben sich durch die engen Klostergänge. Viele von ihnen wollen ein Nachtquartier.

Mehr als tausend Ostereier müssen gefärbt werden, der Bischof hat sein Kommen angekündigt; man feiert das Fest der Auferstehung. Im Büro von Vater Michael ist die Hölle los: Telefonate, Faxe, Bittsteller. Das Bimmeln der Kirchenglocke gemahnt an Höheres. An solchen Tagen läßt der Mönch seinen Schimmel »Great Alexander« vorführen und

153

flieht in die Wüste – natürlich erst nach getaner Arbeit. Längst ist die Ruhe dahin im Katharinenkloster, das einst so völlig abgeschieden von der Welt lag. Die nach der heiligen Katharina von Alexandrien benannte Exklave des griechisch-orthodoxen Christentums wurde 1575 selbständiges Erzbistum. Siebzehn Mönche leben derzeit in seinen Mauern, darunter ein ehemaliger Berater des Reeders Onassis.

Schon zu Anfang des 4. Jahrhunderts nach Christus gegründet, ist es das älteste christliche Gotteshaus, in dem seit mehr als eineinhalb Jahrtausenden ununterbrochen die heilige Liturgie gefeiert wurde.

Nachdem Kaiserin Helena um 324 einen Schutzturm und eine Kirche gestiftet hatte, errichtete Kaiser Justinian im 6. Jahrhundert den Mönchen auf eigenen Wunsch eine Festung; anschließend ließ er den Architekten enthaupten, weil der an strategisch ungünstiger Stelle gebaut hatte. So mußte der Imperator noch 200 Soldaten zum Schutz der Mönche ansiedeln.

Vater Michael auf seinem Pferd »Great Alexander«.

Die Bibliothek, nach der Vatikanischen Bibliothek die wertvollste ihrer Art, birgt 3500 Manuskripte meist religiösen Inhalts. Zu den Kuriosa unter den Handschriften gehören ein angeblicher Schutzbrief des Propheten Mohammed mit seinem Handabdruck als Siegel und ein Schutzbrief Napoleons.

Den größten Schatz des Wüstenklosters entdeckte Kon-

Geruhsamer Augenblick im Katharinenkloster.

Den heiligen Dornbusch im Klosterhof schützt heute eine Mauer.

stantin von Tischendorf 1844: den berühmten *Codex Sinaiticus,* eine griechische Pergamenthandschrift der Bibel aus dem 4. Jahrhundert (heute im Britischen Museum in London, Teile davon in Leipzig).

Und nirgendwo sonst auf der Welt steht innerhalb der Mauern eines christlichen Klosters eine Moschee.

Daß für die Wüstenwanderung der Israeliten keine historisch gesicherte Route festzulegen ist, begreift man in der Umgebung des Klosters am besten. Dort finden wir wichtige Stätten des Exodus in unmittelbarer Nähe zueinander. Doch wurden sie von der christlichen Tradition oder gar von den Beduinen einfach dorthin verlegt. Schon vor der eigentlichen Klostergründung lernte die Pilgerin Etheria um 385 diese heiligen Orte kennen. Ihren Reisebericht fand man 1884 wieder auf.

So sehen Pilger und Touristen alles im Rahmen einer Tour: Den Fels, aus dem Mose das Wasser schlug; die Stelle, wo Aaron das Goldene Kalb goß; die Ebene, in der das Volk lagerte; vor allem aber den Gottesberg selbst und den legendären Dornbusch. Über die Stelle, wo er ursprünglich gestanden haben soll, baute man eine Kapelle. Es ist der heiligste Ort des Klosters. Im brennenden Busch, der sich nicht verzehrt, sahen schon die ersten Einsiedler ein Symbol der Jungfräulichkeit Mariä. Inzwischen steht der »Dornbusch« im Klosterhof, ein Sprößling des Originals, wie es heißt. Bis hoch hinauf schützt ihn eine Mauer. Niemand kann mehr ein Blättchen als Souvenir mitnehmen.

156

Welche Pflanze nun der echte »brennende Busch« gewesen sein soll, darüber besteht keine Einigkeit. Das Gewächs im Kloster gehört der Gattung *Colutea istria* an –, ein sogenannter Blasenstrauch. Nach Auskunft von Professor Danin sieht die jüdische Tradition im Dornbusch eine Pflanze aus der Familie der Rosengewächse, *Rubus sancuts*.

Daß unter dem »brennenden« Busch eigentlich eine Pflanze mit Öldrüsen zu verstehen sein, nämlich *Dictamus albus,* Spechtwurz, behaupten Interpreten, die alles naturwissenschaftlich erklären wollen. Die Sonne habe die ätherischen Öle entzündet, der Busch selbst verbrenne dabei nicht. Der Wunsch scheint hier Vater des Gedankens zu sein, denn im Südsinai gibt es solche Gewächse nicht. Und selbst wenn man ein Streichholz an ölhaltige Pflanzen hält, stehen sie nicht in hellen Flammen. Die Öle können lediglich leicht verpuffen.

Zweifellos ist die Begegnung Mose mit Jahwe am Dornbusch als spirituelles Erlebnis gedacht. Für Mose war es eine vorgezogene Erfahrung, die das ganze Volk später am Gottesberg machen sollte. Ist der brennende Busch nur eine lautliche, versteckte Anspielung auf diesen Berg? Denn der Dornstrauch, hebräisch *Sneh,* stand am Gottesberg, der »Sinai« genannt wird.

Rush-Hour auf dem Gottesberg

Die Nacht ist dunkel wie immer, die Sterne strahlen wie immer, man keucht wie immer, und doch ist alles ganz anders. Was sich da – sozusagen im touristischen Berufsverkehr – auf 2285 Meter hochquält, verdient den Namen Riesenschlange. Unterwegs gibt es Buden mit Tee und Erfrischungen. Doch erst wenn der Tag graut, sieht man genau, wie viele Menschen sich beim Sonnenaufgang auf dem Moseberg drängen.

Auf diesem Gipfel habe ich mir vor vielen Jahren zum ersten Mal das Wort »Ewigkeit« vorstellen können. Nichts rührte sich, kein Laut war zu hören, die Welt schien stillzustehen.

»Alle tausend Jahre kommt ein Vögelchen und wetzt einmal seinen Schnabel am Berg. Und wenn der ganze Berg abgewetzt ist, dann ist eine Sekunde der Ewigkeit vorbei«, heißt es im Märchen.

Hier soll Mose die Zehn Gebote von Gott erhalten haben, sagt die christliche Tradition. Der Ausblick über das stumme Steinmeer ist gewaltig. Und wenn man vom Gipfel

Auf dem Gipfel des 2285 Meter hohen Moseberges.

über mehrere tausend Stufen absteigt, die ein Mönch in Erfüllung seines Bußgelübdes einst aus ungefügten Granitquadern gebaut hat, dann fühlt man, welche Faszination dieser Ort von alters her ausstrahlt.

Doch gibt es in unmittelbarer Umgebung noch zwei andere Berge, die als Stätte der Offenbarung in Frage kämen: der Katharinenberg, 2639 Meter hoch, und der Sebal nahe Wadi Feiran, 2070 Meter hoch.

Vertreter anderer Exodustheorien suchen den »Sinai« im Berg Sin Bisher östlich von Suez oder im Berg Hallal an der mittleren Sinairoute. Auch ein nicht genau lokalisierbarer Vulkan in der Nähe von Hegra in Saudi-Arabien wird immer wieder genannt. Damit soll die Nähe vom Gebiet der Midianiter dokumentiert werden; vor allem aber erklärten sich mit einem Vulkan am besten Feuer und Rauch als Begleitumstände der Gotteserscheinung (Ex. 19,16-19). Auf der Sinaihalbinsel hingegen hat es niemals Vulkane gegeben.

Das Ende einer langen Wanderung

Daß man keinen Ort der Exodusroute historisch nachweisen kann, beeinträchtigt den Gehalt des Geschehenen für den Gläubigen nicht. Für ihn sind die Heilstaten Gottes an seinem Volk entscheidend.

Heute ist sich die kritische Forschung darin einig, daß alle wesentlichen religiösen Elemente, wie die Zehn Gebote und die Kultstiftung, erst später auf Mose projiziert wurden. Wie aber entstand Israel, oder: Wie kamen die Israeliten nach Kanaan? Der biblische Bericht von den Kundschaftern (Num. 13) enthält offenbar die Vorstellung, die Israeliten hätten zuletzt längere Zeit in der Oase Kadesch Barnea im Nordsinai verweilt.

Daraus macht die sogenannte Kadesch-Hypothese gar einen vierzigjährigen Aufenthalt. Es wurde in dieser Oase zwar eine bedeutende Festung aus der Zeit der judäischen Könige – ab dem 10. Jahrhundert vor Christus – ausgegraben, für die Zeit des Exodus dagegen sind in der gesamten Umgebung nachweislich keinerlei archäologische Siedlungsspuren vorhanden.

Wie erklärt sich dieser Widerspruch? Vermutlich zog Kadesch als bedeutendste südliche Festung an der Grenze zwischen Kulturland und Wüste zahlreiche mit der Wüstenwanderung verbundene Traditionen auf sich.

Die Oase Ain Hudra liegt an einer alten Karawanenroute durch den Sinai.

Zum Problem der Einwanderung und Entstehung Israels hat die neuere Forschung vier Modelle entwickelt.

Auf dem Fels der Inschriften in der Nähe von Ain Hudra verewigten sich jahrtausendelang die Durchreisenden.

Das traditionelle »Eroberungsmodell« geht davon aus, daß die Israeliten das Land im 13. Jahrhundert vor Christus durch kriegerische Invasion eingenommen haben. Es beruft sich auf den Josua-Bericht und archäologisch nachweisbare Zerstörungsschichten in Palästina.

Alte Ritzzeichnungen auf dem Fels der Inschriften bei Ain Hudra.

Das neuere »Einwanderungsmodell« geht aus vom regelmäßigen Weidewechsel der Schaf- und Ziegenhirten, die schrittweise ins Kultur-

land vordringen und allmählich seßhaft werden. Erst in einer zweiten Phase kommt es dann zur Eroberung weiterer Gebiete.

Seit den sechziger Jahren wurde das »Revolutionsmodell« entwickelt, nach dem ein »Bauernaufstand« zu innerkanaanäischen Umwälzungen innerhalb der Bevölkerungsschichten führte. Gesellschaftliche Randgruppen fanden durch den gemeinsamen Kult des Gottes *El* eine neue Identität und gaben sich den Namen Israel. Zu ihnen stießen Gruppen, die aus Ägypten geflohen waren und die Kunde von einem Gott Jahwe mitbrachten.

Eine Variante dessen ist das »Evolutionsmodell«, das auf einer sozialen Entwicklung zur Entstehung Israels basiert:

Vom Berg Nebo durfte Mose das gelobte Land schauen. Im Hintergrund die Oase Jericho.

Gruppen von einst unfreien Bauern aus den Ebenen ließen sich in den geringer besiedelten Gebirgsregionen nieder. Ursache war ein Niedergang der Stadtkultur. Das würde bedeuten, daß alles wesentlichen Elemente des Jahweglaubens aus der kanaanäischen Religion stammen.

Wenn der biblische Bericht auch Elemente des Kampfes und der Vernichtung von Völkern im Ostjordanland und Palästina enthält, hat die neuere Forschung doch aufgezeigt, daß die historischen Prozesse friedlicher verlaufen sind. Dieses Potential zu Frieden und Toleranz ist im Alten Testament genauso enthalten wie im Islam und im Christentum.

Nichts ersehnen heute die Länder links und rechts des Jordans mehr als die dauerhafte Beendigung eines Konflikts, dessen Wurzeln nicht zuletzt in Verheißungen liegen, die mit dem Exodus gegeben wurden und auf den Besitz des gelobten Landes zielten.

Für einen solchen Frieden gibt es gerade in letzter Zeit berechtigte Hoffnung. Israel und die PLO haben sich zumindest einmal anerkannt, erklärtermaßen ein erster Schritt zur Versöhnung. Jericho wird zur Residenz des PLO-Vorsitzenden Yassir Arafat. Es ist der Ort, der von den Israeliten nach dem Jordanübergang als erster erobert wurde. Mose konnte ihn vom Berg Nebo aus sehen, bevor Gott ihn zu sich rief. Der Mann, der sein Volk vierzig Jahre lang durch die Wüste geführt hatte, sollte das gelobte Land nicht mehr betreten. Doch sein Ruf »Laß mein Volk ziehen« wurde zum Spiritual »Let my people go« und zum Slogan von Befreiungsbewegungen in verschiedenen Teilen der Welt.

Bis heute hat er nichts von seiner Zündkraft verloren und kann offenbar immer wieder neue Hoffnung erwecken, daß Bewegung in die Geschichte kommt.

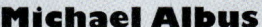

Michael Albus

Chimborazo

Reinhold Messner
auf der Humboldt-Route

Abschiedsfest in Totorillas, am Fuße des Chimborazo.

Sturmnacht in Eis und Schnee

In der Nacht vom 7. zum 8. Mai 1992 war es soweit. Nach zweitägiger »Belagerung« – in der ersten Nacht hatte es uns eingeschneit – brachen wir auf, Reinhold Messner, Herbert Henzler und ich.

Unser Ausgangspunkt war die Whymper-Hütte in 5000 Meter Höhe am Chimborazo (6310 m). Was Alexander von

Der Chimborazo. 6310 Meter Fels und Eis formen die »Schöne Dame des Schnees«.

Humboldt 1802 nicht geschafft hatte, wollten wir versuchen: den Götterberg besteigen.

Die Wetterlage wurde von Tag zu Tag unsicherer. Der Anfang der Regenzeit machte sich bemerkbar.

Fulvio Mariani, unser Kameramann, und Floriano Castelnuovo, der Toningenieur, waren schon ungefähr eine Stunde vorher losgegangen, um nach guten Kamerastandorten zu suchen. Am Tag zuvor war ein Teil der Route mit Fixseilen gesichert worden. Außer Reinhold waren wir nicht unbedingt in der allerbesten Verfassung. Die Höhe machte sich bemerkbar – und auch die Anspannung. Die Besteigung des Chimborazo ist kein Kinderspiel.

Als wir in den Moränen aufstiegen, leuchteten tief unten die Lichter von Riobamba und Guayaquil. Der Nachthimmel war sternenklar. Über uns zog sich endlos die Bahn der Milchstraße. Am Horizont zuckten die Blitze eines schnell näherkommenden Gewitters, das aus dem Amazonasbecken aufstieg.

Nach einer Stunde waren wir an der Grenze zwischen Schnee und Eis. Wir legten die Steigeisen an und zogen die Anoraks über. Es begann sehr windig zu werden. Ich spürte meinen Magen und mußte mich überwinden weiterzugehen. Das Wetter in unserem Rücken holte uns innerhalb kurzer Zeit ein. Wir wurden immer einsilbiger, schon allein deswegen, weil es Mühe machte, sich im tobenden Sturm zu verständigen. Wir mußten aus Leibeskräften brüllen, um von den Kameraden gehört zu werden.

Reinhold trieb uns zur Eile an. Für kurze Augenblicke sahen wir,

Reinhold Messner.

wenn sich die Wolkenfetzen ein wenig lichteten, wie kleine verlorene Lichtpunkte in der steilen Höhe die Stirnlampen des Kamerateams und einiger einheimischer Helfer, die dort oben Sicherungsdienste leisteten.

In einer solchen Situation konzentriert man sich auf jeden Atemzug und jeden Schritt und versucht, auch noch den letzten Winkel der Lunge zu nutzen. Alles wird eng und enger auf den einen Punkt zu: den Gipfel, das Ziel.

Kurz vor dem Gipfel brach nach sechs Stunden Steigens der Tag an. Die Wolken zogen rasend schnell vorbei, und der Sturm hatte sich längst zum Orkan entwickelt, der uns mit aller Macht auf der Gipfelschneide erfaßte. Ich hatte Mühe, mich auf den Füßen zu halten. Widerstreitende Gefühle beherrschten mich; einerseits war es in mir kalt und leer, andererseits durchpulste mich ein durchdringendes Glücksgefühl. Um 7.00 Uhr morgens waren wir am Ziel: 6310 Meter hoch.

Totorillas - Strohhüttendorf am Chimborazo.

Reinhold Messner und sein »Yeti« aus den Anden: Ein maskierter Indio.

Fulvio machte eine kurze Aufzeichnung mit Reinhold. Wir hatten sie für den Beginn des Filmes eingeplant. Ich bewunderte ihn, wie souverän er in einer solchen Lage mit der Kamera umging. Wenige Minuten nur konnten wir auf dem Gipfel bleiben, dann mußten wir schnell absteigen, weil der Sturm sich immer noch steigerte.

Jetzt erst, im Licht des heraufkommenden Morgens, war zu sehen, welchen steilen Grat wir in der Nacht überwunden hatten. Schaurige Abgründe, dann aber auch wieder faszinierende Blicke – schon wieder unterhalb der Wolken – ins unendlich weite Land hinein. Man sah die Krümmung der Erdoberfläche. Eine Urlandschaft wie am Schöpfungsmorgen.

Um die Mittagszeit verabschiedeten wir uns vom Berg. Bei der Fahrt durch das Totorillas-Tal nahm ich die wenigen Menschen und die schon vertrauten Hütten nur schemenhaft wahr. Mir war die Höhenkrankheit auf die Augen geschlagen, und ich konnte nur noch wie durch Milchglas immer verschwommener und konturenloser meine Umgebung wahrnehmen. Jetzt hatte ich starke Schmerzen. Die Augen brannten wir Feuer tief hinten in den Höhlen.

In Riobamba feierten wir unseren »Sieg« mit ein paar Flaschen chilenischen Rotweins. Dann aber fielen wir alle in einen tiefen, traumlosen Schlaf.

Humboldt und der Chimborazo – Faszination und Forschung

Der Chimborazo war für den deutschen Naturforscher Alexander von Humboldt im wahrsten Sinne des Wortes der Höhepunkt seiner großen lateinamerikanischen Reise.

Dem Versuch, diesen faszinierenden Berg zu besteigen, hat er einen eigenen Essay gewidmet, eine Art Expeditionsbericht, in dem er aber nicht nur die wissenschaftlichen Daten und Fakten aufschrieb, sondern auch immer wieder lebhaft seine Gefühle und Empfindungen zum Ausdruck brachte.

Sein Bericht gibt von seiner Begeisterung Zeugnis. Neben nüchternen, wissenschaftlichen Feststellungen finden sich Passagen, in denen der Text die Persönlichkeit dieses Mannes deutlich hervortreten läßt.

Humboldts Report »Über einen Versuch, den Gipfel des Chimborazo zu ersteigen«, hat auch bald 200 Jahre nach seinem Erscheinen nichts von seiner ursprünglichen Frische und Faszination verloren.

Sein Interesse war vor allem von naturwissenschaftlichen Gesichtspunkten bestimmt: Er nahm trigonometrische und klimatische Messungen vor. Gleichzeitig öffnete Er seinen Blick für die gewaltige Schönheit der Hochanden, für die geheimnisvolle Kultur der Indianer, für die Welt der Pflanzen, Tiere und Steine. Die Menschen, die ihn begleiteten, bleiben keine nützlichen Statisten, sie treten deutlich als Charaktere hervor: die mutigen Gefährten, der Franzose Aimé Bonpland und der einzige Indio, der ihn begleitet hat, ebenso wie die ängstlich und besorgt zurückgebliebenen Einwohner des Landes. Der Weg auf den Chimborazo führte durch nahezu alle Klimazonen. Humboldt beschreibt sie, sie treten plastisch vor das innere Auge.

Daß er – wegen schlechten Wetters, Nebel und Schnee – den Versuch der Besteigung abbrechen mußte, vermerkt er eher nüchtern als enttäuscht.

Gleichwohl spürt man, daß er gerne weiter gekommen wäre. Er muß an einen »zweiten Versuch« gedacht haben, von dem er aber schreibt, daß er »auf dem durch eine Kluft

Indianische Landfrauen am Fuß des Chimborazo.

Humboldt und Bonpland in ihrer Dschungel-
hütte am Orinoco. Gemälde von Eduard
Ender 1850.

unterbrochenen Kamm gewiß so furchtlos als der erste ausgefallen wäre«.

29 Jahre später, im Dezember 1831, hat der französische Naturforscher Jean Baptiste Boussingault auf den Spuren Humboldts den Weg abermals versucht. Auch er scheiterte. Sein Brief an Humboldt, in dem er von seinem Unternehmen Bericht erstattete, gibt Kunde davon, wie lebendig, wie attraktiv für ihn noch fast drei Jahrzehnte danach Humboldts Beschreibung wirkte. Erst weitere fünf Jahrzehnte später (1880) wurde der Chimborazo von Edward Whymper, dem Erstbesteiger des Matterhorns, bezwungen.

Der Berg selbst liegt bis heute eher im Windschatten des allgemeinen andinen und touristischen Interesses. Aber sein Umfeld ist in jeder Hinsicht spannend und eindrucksvoll geblieben. Das Auge, von dem Alexander von Humboldt in seinem letzten großen Werk, dem *Kosmos,* in dem er das gesamte Naturwissen seiner Zeit zusammenzufassen versuchte, sagt, es sei »das Organ der Weltanschauung«, findet im Gebiet des Chimborazo bis heute die schönsten und auffälligsten Anschauungsgegenstände.

Alexander von Humboldt – die Lebensdaten

1769 Alexander von Humboldt wird am 14. September in Berlin geboren.

1787 Beginn des Studiums an der Universität Frankfurt/Oder und ab 1789 an der Universität in Göttingen.

1790 Reise mit Georg Forster von Mainz über Köln, Brüssel, Amsterdam nach England und Frankreich.

1792 Ernennung zum Assessor im preußischen Bergdienst.

1894 Alexander von Humboldt, inzwischen zum Bergrat befördert, unternimmt mehrere Reisen in Europa.

1797 Humboldt hält sich in Jena und Weimar auf und hat dort Kontakt mit Goethe und Schiller.

1798 Humboldt reist mit dem Franzosen Aimé Bonpland nach Spanien.

1799 5. Juni Aufbruch nach Amerika, Landung in Cumaná/Venezuela am 17. Juli.

1804 Nach fünfjähriger Reise durch Venezuela, Kuba, Kolumbien, Ecuador, Peru und Mexiko Rückkehr nach Europa.

1807 Umzug nach Paris. Zuerst in diplomatischem Auftrag, dann weiterer Aufenthalt und Beginn der Bearbeitung und Herausgabe seines amerikanischen Reisewerks, das 34 Bände umfaßt.

1827 Rückkehr nach Berlin.

1829 Reise nach Rußland und Sibirien.

1835 Tod seines Bruders Wilhelm von Humboldt.

1859 Alexander von Humboldt stirbt am 6. Mai in Berlin, neunzigjährig.

Auf Humboldts Spuren

Für unser Terra-X-Vorhaben konzentrierten wir uns auf den ecuadorianischen Teil der Humboldt-Reiseroute. Wir hatten ihn vor allem deswegen gewählt, weil er die spektakulärsten bergsteigerischen Gesichtspunkte bietet und zudem noch den Vorzug hat, auch archäologische und historische Stationen aufzuweisen.

Von König Carlos IV. von Spanien erhielt Alexander von Humboldt eine unbegrenzte Erlaubnis »zur Erwerbung von Wissen« in den spanischen Kolonien Amerikas. Mit dieser Erlaubnis reiste Humboldt auch ins Hochland von Kolumbien und Ecuador. Dort beschrieb, vermaß und zeichnete er eine Reihe von Bauwerken der Inkas.

Alexander von Humboldt lenkte zu Beginn des 19. Jahrhunderts das Augenmerk Europas auf die vorspanischen Kulturen des Andenraums.

Es war sein Verdienst, daß er als erster die historische Bedeutung der Zeugnisse dieser Kulturen erkannte. Sein Unternehmen kennzeichnete den Beginn des wissenschaftlichen Interesses an den alten Kulturen der Neuen Welt.

Zwischen den beiden Orten Quito und Incapirca bewegten wir uns in Humboldts Spur mit dem Landrover und zu Fuß entlang der »Straße der Vulkane«, wie Humboldt die Bergkette, die sich rund 1000 Kilometer durch Ecuador zieht, genannt hat.

Unsere Route war durch die Notizen in den Reisetagebüchern Humboldts vorgegeben. Es kam uns darauf an, sei-

Quito, die Hauptstadt Ecuadors, spannt sich wie ein Netz über ein enges Hochtal in 3000 Meter Höhe, umgeben von Vulkanen.

nen Beschreibungen folgend die alten Plätze, die er besucht hat, wiederzufinden und die Strecken, die er zu Pferd und zu Fuß bewältigt hat, zu rekonstruieren.

Wir hielten uns die meiste Zeit in Höhen zwischen 2500 und 5000 Meter auf.

Ecuador (283 561 km²) ist im Westen begrenzt vom Pazifischen Ozean, im Norden von Kolumbien und im Osten und Süden von Peru.

Zu Ecuador gehören auch die etwa 1000 Kilometer vor dem Festland liegenden Galapagos-Inseln.

Ecuador ist das kleinste aller Andenländer. Etwa ein Viertel seiner Fläche nimmt das Küstentiefland *(Costa),* ein weiteres Viertel ist Andenhochland *(Sierra),* und die Hälfte des Landes wird vom Amazonas-Tiefland *(Oriente)* gebildet.

In Ecuador leben zur Zeit etwa 10 Millionen Menschen.

Die größte Gruppe der Bevölkerung stellen die Hochlandindios, dann folgen die Mestizen der Küstenebene. Der Anteil der Weißen *(Kreolen),* spanischer oder anderer europäischer Abstammung, liegt etwa bei zehn Prozent. Noch geringer ist die Zahl der Mulatten und der Schwarzen. Sehr niedrig ist der Anteil der Urwaldindianer, die in der Küstenregion leben, ebenso die Zahl der Mischlinge zwischen Schwarzen und Indios *(Zambos).* Ergänzt wird dieses Völkergemisch durch eine kleinere Anzahl von Orientalen und etwa 200 000 Chinesen.

Vor den Chimborazo haben die Götter den Schweiß gesetzt

Geben wir Alexander von Humboldt das Wort:

»Nachdem wir zwei Monate hindurch Tag und Nacht von Regengüssen durchnäßt worden waren und bei der Stadt Ibarra beinahe ertranken, da plötzlich bei einem Erdbeben das Wasser stieg, langten wir am 6. Januar 1802 zu

Das alte koloniale Quito hat sich seit der Zeit Humboldts kaum verändert.

Quito an, wo der Marquès de Selva Alegra die Güte hatte, uns ein vortreffliches Haus einzurichten, das nach so vielen Beschwerden uns alle Gemächlichkeit darbot, die man nur in Paris oder London verlangen konnte.«

Alexander von Humboldt gibt in einem Brief an seinen Bruder Wilhelm vom 25. November 1802 aus Lima einen kleinen Einblick in die Mühsal, Gefährlichkeit und Beschwerden solcher Reisen in Lateinamerika. Zugleich macht diese Schilderung deutlich, wie die körperliche Konstitution des Zweiunddreißigjährigen gewesen sein muß. Er schreibt:

»Unser Weg dahin (Quito) ging im September 1801 durch die Schneegegenden von Quiridiu und Tolima. Denn die Cordillere der Anden bildet drei abgesonderte Arme; und da wir zu Santa Fè de Bogotá uns auf dem östlichsten derselben befanden, so mußten wir nun den höchsten dieser Gebirgsarme übersteigen, um an die Küsten des Südmeeres zu gelangen. Bloß Ochsen lassen sich auf diesem

Inseln der Kordillere über dem Wolkenmeer.

Wege gebrauchen, um das Gepäck fortzuschaffen. Die Reisenden selbst pflegen durch Männer getragen zu werden, welche *Cargueros* heißen. Sie haben auf ihrem Rücken einen Stuhl gebunden, worauf der Reisende sitzt; machen 3 bis 4 Stunden Weg den Tag über und verdienen in 5 bis 6 Wochen nur 14 Piaster. Wir zogen die Fußwanderung vor, und da das Wetter ungemein schön war, so brachten wir nur 17 Tage in diesen Einöden zu, woselbst keine Spur sich findet, daß sie je bewohnt gewesen wären, und wo man in Hütten von *Heliconia*-Blättern schläft, die man zu dem Ende mit sich nimmt. Am westlichen Abhange der Anden gibt es Sümpfe, worin man bis an die Knie sinkt. Das Wetter hatte sich geändert, es regnete stromweise in den letzten Tagen, unsere Stiefeln faulten uns am Leibe, und wir kamen mit nackten und blutrünstigen Füßen zu Cartago an.«

So beschreibt Humboldt den ersten Teil seiner Reise. Aber die Schwierigkeiten wuchsen noch.

In Pasto, einer kleinen Stadt, brachte Humboldt das Weihnachtsfest 1801 zu. Er berichtet von der »rührenden Gastfreundlichkeit« der Einwohner, aber dann auch von den Hindernissen der Reise:

»Dicke Wälder liegen zwischen Morästen; die Maultiere sinken bis auf den halben Leib ein; und man muß durch so tiefe und enge Schlüffe, daß man in die Stollen eines Bergwerks zu kommen glaubt. Auch sind die Wege mit den Knochen der Maultiere gepflastert, die hier vor Kälte oder aus Mattigkeit umfielen.«

Es ist überhaupt bewundernswert, wie Humboldt und seine Begleiter solche Strecken überwanden, welche körperlichen, aber auch seelischen Kräfte sie dazu aufbrachten. Zwei volle Monate waren sie von Bogotá nach Quito unterwegs. Die Flugzeit von Bogotá nach Quito beträgt heute eine Stunde und 20 Minuten.

Quito: Vergangenheit wird Gegenwart

Während wir am ersten Abend nach unserer Ankunft in Quito an den Abhängen des Vulkans Pichincha, der sich hoch über der Stadt erhebt, mit der Kamera auf die hereinfliegenden Flugzeuge warteten, konnten wir uns ganz gut

vorstellen, wie Humboldt Anfang Januar 1802 zumute gewesen sein muß, als er in Quito ankam.

Die Hauptstadt Ecuadors, schon 1534 von dem spanischen Konquistador Sebastián de Belelcázar gegründet und damit älteste Metro-

Aus dem Amazonastiefland ist dieser Indianer zum ersten Mal in die Hauptstadt gekommen. Er trägt einen Kopfputz aus Papageienfedern.

Von Indianerhand an die Wand der großen Kathedrale in Quito gesprüht: »500 Jahre Widerstand«.

pole Südamerikas, spannt sich wie ein Netz über ein enges Hochtal in 3000 Meter Höhe, umgeben von Vulkanen.

Das alte koloniale Quito hat sich seit der Zeit Humboldts nicht viel verändert. Die Stadt war mehrfach großen Erdbeben ausgesetzt, so 1797, vier Jahre nach Humboldts Ankunft. Dabei sollen, nach zeitgenössischen Berichten, 40 000 Menschen den Tod gefunden haben.

Humboldt war viel in der Stadt unterwegs. Er beobachtete rastlos und aufmerksam das Leben auf den Plätzen und Straßen, machte sich Notizen, die auch heute noch nicht veraltet sind.

In der Stadt herrscht eine eigenartige Stimmung. Sie ist stiller als die anderen laut lärmenden Metropolen Lateinamerikas.

Selbst an einsamen Plätzen im Hochland finden sich Parolen gegen die Unterdrückung der Indianer, hier: »Es lebe der 500 Jahre lange Eingeborenen-Widerstand! Verdammt!«

Als wir in Quito die Spur Alexander von Humboldts aufnehmen, ist gerade der große Indianermarsch aus verschiedenen Teilen des Landes angekommen. Er soll die Regierung an die Rechte der Ureinwohner erinnern.

Humboldt wird in der Frage der Menschenrechte heute in Lateinamerika neu entdeckt. Er romantisiert die Indianer nicht, zeichnet sie nicht überhöht, macht sie nicht zu gutartigen Wilden. Vielmehr forscht er nach den weitverzweigten und tiefen Wurzeln ihrer Kulturen und fordert, daß sie unangetastet bleiben.

Damit hat er eine neue Sicht der Geschichte Amerikas begründet.

Er hat weit in die Zukunft hinein gedacht und dabei gleichzeitig ein deutliches Urteil über die europäische Vergangenheit in Lateinamerika gesprochen:

»Mond und Venusberge! Wann werden wir diese Reise unternehmen, unsere Kultur, das heißt das Gemisch unserer Laster und Vorurteile über andere Planeten verbreiten und sie veröden, wie Europäer beide Indien entvölkert und verheert haben.«

Mit einem Mal war in diesen Tagen in Quito, in denen wir uns zu akklimatisieren begannen, die Vergangenheit eines halben Jahrtausends gegenwärtig.

Indianerhände hatten an die Wand der großen Kathedrale gesprüht: »500 Jahre Widerstand«, und wenige Meter daneben, am Eingang einer öffentlichen Toilette, hatte jemand ein Skelett mit weißer Farbe hingemalt und darunter geschrieben »So fühlen wir uns heute«.

Alexander von Humboldt war nicht der unpolitische Forscher, als den man ihn früher gern hinstellte. Vielmehr sah er das schon in den Jahrhunderten zuvor im höchsten Maße angehäufte Unrecht und das Elend der Eingeborenen mit klaren Augen. Und was er sah, verschloß er nicht in sich, sondern sprach es deutlich aus.

Immer wieder erweist sich Humboldt als ein sensibler und kritischer Beobachter der politischen Verhältnisse. Dieser Aspekt in seinen Arbeiten ist bislang eher übersehen worden, kommt aber heute, gerade aus der Sicht Lateinamerikas wiederentdeckt, auch den Europäern zu Bewußtsein.

4800 Meter hoch über Quito: Der Kraterrand des Pichincha.

Pichincha: Wolken, Wind und Schwefel

Humboldt blieb ungefähr ein halbes Jahr in Quito. Er nutzte die Zeit zu Ausflügen ins Land und versuchte, die in der Nähe Quitos liegenden großen Berge zu ersteigen. Besonders hatte er sich den Pichincha vorgenommen.

Am Vulkan Pichincha, benannt nach der gefiederten Schlangengottheit *pichan* aus der Mythologie der Cara-Indianer, rund 4800 Meter hoch über Quito gelegen, begann Humboldt sich zu akklimatisieren. Der Berg übte eine eigenartige Anziehungskraft auf ihn aus. Insgesamt war er dreimal dort.

Als Reinhold Messner, Herbert Henzler und ich zusammen mit unserem Kamerateam im hellen Licht eines Aprilmorgens den Berg bestiegen, waren mit einem Schlag die Stimmungen und Bilder gegenwärtig, die Humboldt in seinen Reisetagebüchern ausführlich wiedergibt.

Die Landschaft zeigte sich von ihrer grandiosesten Seite. Über uns und zwischen den steil eingeschnittenen Tälern weiße Wolken, die sich hin und her schoben.

Von Zeit zu Zeit waren wir ganz in Wolken eingehüllt, dann kam wieder die Sonne durch. Ringsum ein Panorama, das uns verstummen und nur noch schauen ließ.

In 4700 Meter Meereshöhe erreichten wir den Kraterrand. Für kurze Augenblicke zogen sich die Wolken zurück und gaben den Blick frei, hinab in eine faszinierende Welt. Nach kurzem Aufenthalt stiegen wir weiter am Kraterrand entlang.

»Das Gebirgsmassiv ist viel mühseliger als höhere Berge zu erklimmen. Ich marschierte von 8.00 Uhr morgens bis 4.00 Uhr nachmittags, der Nebel hüllte mich ein, der Wind verwehte meine Rufe« – so Humboldt 1802.

Dem tätigen Vulkan, dessen etwa 800 Meter tiefer Krater sich hinter einer Wand aus Wolken verbarg, entströmte ein fauliger, ätzender Schwefelgeruch. Beim ersten Versuch, den Pichincha zu besteigen, wurde Humboldt ohnmächtig. Eine tiefe Beklemmung erfaßte ihn:

»Man glaubt sich in eine zerstörte Welt, in der jede Hoffnung verloren ist, (versetzt). Nichts auf der Erde hat mir je einen tieferen und zugleich so verstörenden Eindruck hinterlassen.«

Die Bewohner Quitos fürchteten den Vulkan, der sie immer wieder mit Feuer und Schwefel, Tod und Verderben überfiel. Zahlreich waren und sind die Erdstöße.

Das Feuer unter der Erde bleibt unkontrollierbar. Jüngste Messungen haben ergeben, daß der Pichincha in den kommenden Jahren wahrscheinlich wieder ausbrechen wird.

Wie zum Beweis aller Befürchtungen und Ängste: Am Tag nach Humboldts Rückkehr vom Berg erschütterte ein Erdbeben die Stadt. Die Indianer verdächtigten ihn, er habe Zauberpulver in den Krater geschüttet und damit die bösen Geister geweckt.

Cotopaxi: Feuerschlund und »süßer Hals der Sonne«

Humboldt nutzte die Zeit in Quito zu Erkundungen aus; er gönnte sich keine Ruhe und war oft am Rande der Erschöpfung.

Er besuchte unter anderem auch Mulaló – eine Tagesreise von Quito entfernt am Fuß des Vulkans Cotopaxi (6005 m) – zu »Stierkampffesten«, wie er schreibt.

Mulaló ist heute ein verschlafenes Nest. Als wir um die Mittagszeit den Dorfplatz betraten, hatte ich spontan eine Assoziation: »Hundert Jahre Einsamkeit«, Titel eines Romans von Gabriel Garcia Márquez.

In der Gegen um Mulaló kann man sich auch heute noch an Humboldts Beschreibungen orientieren: Eine von Vulkantrümmern übersäte Ebene. Mittendrin der große »Stein des Apostels«, der zum Auswurf des Cotopaxi gehört, wie von einer Riesenhand über eine weite Entfernung hierher geschleudert. Man zeigte Humboldt zwei Fußabdrücke im Felsblock, die vom heiligen Bartholomäus stammen sollten. »Deutlich konnte ich da nichts erkennen«, schrieb der Forscher. Vielmehr beobachtete er, wie die vorbeikommenden Indios immer wieder kleine Steine auf den Koloß legten, sah darin einen Ausdruck von »Ehrfurcht« vor ihren Berggöttern und einen Beweis, daß auch der gewaltige Stein von Mulaló »Gegenstand ihrer eigenen Mythologie ist« und nicht das geringste mit christlicher Überlieferung zu tun hat.

Über einem Wolkenstreif am Horizont erscheint das ferne Ziel: der Chimborazo.

Von hier aus suchte Humboldt auch einen Zugang zum Cotopaxi.

Es war der frühe Morgen des 28. April 1802. Humboldt und seine Begleiter stiegen über weite, stufenartige Hochflächen, die sogenannten *Páramos,* immer höher hinauf. Wie ein Traumbild muß der Berg ihm erschienen sein: »Der Cotopaxi«, schreibt er, »ist der schönste aller Schneegipfel, ein Drechsler hätte diesen abgestumpften Konus nicht vollkommener runden können«. Der Cotopaxi ist der höchste tätige Vulkan der Erde. Er hat jahrhundertelang, begleitet von großen Erdbeben, Feuer gespien und gewaltige Schlammfluten in die Täler hinabgewälzt. Derzeit verhält er sich still. Aber die Experten sagen auch hier einen Ausbruch für die nächsten Jahre voraus.

Etwas von der Gewalt und der Schönheit dieses Berges kommt in den beiden möglichen Übersetzungen seines Namens aus Indianerdialekten zum Ausdruck: »Feuerschlund«, nannten ihn die einen, »Süßer Hals der Sonne«, die anderen.

Beim Aufstieg nach einer kalten Nacht – die Zelte waren vereist – weitete sich mehr und mehr unser Blick über die ausgedehnten Hochflächen des *Páramo* von Pansaje. Über einem Wolkenstreif am Horizont erschien das ferne Ziel noch ungefähr 80 Kilometer Luftlinie entfernt – der Chimborazo.

Humboldt erreichte den Gipfel des Cotopaxi nicht. In 4500 Meter Höhe mußte er umkehren. Bald danach brach er zum Chimborazo auf.

Nach der Akklimatisierungsphase konnten wir nun auch an den Höhepunkt unserer »Expedition« herangehen: den Chimborazo. Wir verlegten innerhalb eines Tages die Basis unserer Tätigkeit nach Riobamba, rund 380 Kilometer südlich von Quito, der Stadt am Fuße des Chimborazo. Auch sie war am 4. Februar 1797 von jenem furchtbarsten aller bisherigen Erdbeben in Trümmer gelegt und an einer anderen Stelle wieder errichtet worden. Das alte Riobamba war nicht mehr bewohnbar und diente nur noch als Steinbruch für den Aufbau von Riobamba Nueva.

Im Banne des Eisriesen

Alle Versuche Humboldts, seine Eindrücke vom Chimborazo wiederzugeben, beweisen, daß ihn dieser mythische Eisriese in seinen Bann geschlagen hatte.

Die älteste ausführliche Erwähnung des Chimborazo fand Humboldt bei dem »geistreichen, etwas satirischen, italienischen Reisenden Girolamo Benzoni, dessen Werk 1565 gedruckt ward. Er sagt, daß ihm die *Montagna die Chimbo,* welche 40 *Miglia* hoch sei, abenteuerlich *come una visione* erschien. Die Eingeborenen von Quito wußten lange vor der Ankunft der französischen Gradmesser, daß der Chimborazo der höchste aller Schneeberge in der ihnen nahen Gegend sei. Sie sahen, daß er am weitesten über die ewige Schneegrenze hinausreichte.« Bis ins vorige Jahrhundert, bis zur Entdeckung der Eisriesen des Himalaja, galt er als höchster Berg der Erde.

Angesichts des Chimborazo wurde in Humboldt der neugierige Abenteurer wach. Er schwärmte geradezu von der »herrlichen Ansicht des glocken- oder domförmigen Gipfels«, spricht von »Größe« und »Hoheit«. Er macht ganz unumwunden darauf aufmerk-

Begegnung mit einem Einheimischen beim Aufstieg.

Humboldt: »Der Cotopaxi (6005 m) ist der schönste aller Schnee-gipfel, ein Drechsler hätte diesen abgestumpften Konus (Kegel) nicht vollkommener runden können.«

sam, daß »das Erreichen großer Höhen« von geringem wissenschaftlichen Interesse sei, weil sie nur für wenige Stunden besucht werden können.

Humboldt wird noch deutlicher: »Kaum verirren sich in die dünnen Schichten des Luftkreises der Berggeier (Kondor) und geflügelte Insekten, letztere unwillkürlich von Luftströmen gehoben. Wenn jetzt ein ernstes, wissenschaft-

Humboldts Längenschnitt durch den Chimborazo mit Angaben der unterschiedlichen Klimazonen und Vegetationsformen.

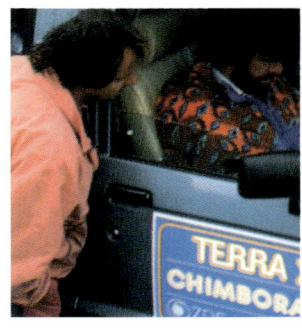

Bevor wir der alten Humboldt-Route folgen konnten, mußten wir sie rekonstruieren. Reinhold Messner und Fulvio Mariani bei der Suche mit Luftbild und Karte.

liches Interesse kaum noch der Bemühung reisender Physiker, welche die höheren Gipfel der Erde zu ersteigen streben, geschenkt wird, so hat sich dagegen im allgemeinen Volkssinne ein reger Anteil an einer solchen Bemühung erhalten. Das, was unerreichbar scheint, hat eine geheimnisvolle Ziehkraft; man will, daß alles erspähet, daß wenigstens versucht werde, was nicht errungen werden kann.«

Die Route, die Alexander von Humboldt damals gesucht und gefunden hatte, ist im Laufe der letzten 190 Jahre weitgehend vergessen oder nur flüchtig und ungenau rekonstruiert worden. Wer wollte das nachprüfen? Gar im fernen Europa? Die Humboldt-Spezialisten unter den Gelehrten waren keine Bergsteiger, die den Strapazen eines konkreten Versuches standhalten konnten. Und die Bergsteiger, die dazu in der Lage gewesen wären, verfügten bislang nicht über die Spezialkenntnisse der Gelehrten.

Viele haben im Laufe der Jahre davon geredet, sie hätten die »Humboldt-Route« entdeckt. Man mußte es ihnen mangels Nachprüfbarkeit einfach glauben, und manche Ungenauigkeit und Verfälschung schlich sich ein. So blieb Humboldts Weg noch immer ein wenig Legende. Die Patina der verklärenden Erinnerung legte sich über die unzulänglichen Versuche, die Originalstrecke exakt nachzuvollziehen.

Bevor wir also der alten Humboldt-Route folgen konnten, mußten wir sie erst einmal dem Dunkel der Geschichte entreißen.

Unterhalb der Stelle, an der Humboldt umkehren mußte.

Mit Hilfe von Luftbild und Karte, sowie Humboldts Expeditionsbericht machte sich Reinhold Messner auf eine dreitägige Suche. Begleitet wurde er in dieser Phase von Marco Cruz aus Riobamba, Bergführer am Chimborazo seit seinem 16. Lebensjahr.

Die Suche gestaltete sich spannend. Sie war ein dauerndes Hin und Her. Nicht selten mußten wir umkehren, weil die Straßen zu Ende waren. Wir fragten Einheimische nach dem Weg und bekamen oft ungenaue Auskünfte. Auch die Karte stimmte nicht immer. Viele Orte und topographische Punkte trugen denselben Namen. Das schuf zuweilen Verwirrung. Aber wir kamen langsam, Stück für Stück, voran.

Das ging nicht ohne gefährliche Augenblicke ab. Wenn es regnete, verwandelten sich die Lehmwege in wenigen Minuten in gefährliche, steile Rutschbahnen. Manchmal mußten wir während unserer Suche lange im Nebel warten, wurden von Wolken verschluckt, plötzliche Gewitter mit gewaltigen Regengüssen überfielen uns. Von solchen Erfahrungen und Erlebnissen berichtet auch Alexander von Humboldt immer wieder.

Schließlich erreichten wir einen Punkt in etwa 4000 Meter Höhe, der uns einen verläßlichen Einblick ermöglichte. Von hier aus konnten wir die ganze Strecke ab Riobamba überblicken, in die weiten Täler zwischen Riobamba und dem Chimborazo hineinschauen, die einst durch große Seen in mehreren Stufen gebildet wurden.

Jetzt konnten wir nach Calpi zurückkehren und den Chimborazo-Weg Humboldts in einem Zug nachgehen.

Am 22. Juli 1802 ritten Humboldt und seine Begleiter in Calpi ein. Sie wurden feierlich empfangen. Triumphbögen schmückten die Straße.

Die neue Kirche von Calpi hat heute rechts neben dem Hauptportal eine Gedenktafel aus Marmor. Darauf sind die

Von links nach rechts: Marco Cruz, Herbert Henzler, Michael Albus und Reinhold Messner, während der Routensuche in 4500 Meter Höhe.

1400 Meter unter uns rote und silberne Punkte - die Zelte unseres Basislagers.

vielen berühmten Personen verzeichnet, die die Pfarrei Santiago de Calpi in den zwei Jahrhunderten nach Humboldt besucht haben. Der nächste Gast nach dem Deutschen war kein geringerer als der Befreier Lateinamerikas, Simón Bolívar – übrigens ein Bewunderer Humboldts.

Am 23. Juni 1802 wurde es ernst. Die Gruppe ritt von Calpi aus in Richtung Chimborazo. »Der Tag war düster und neblig, wir sahen den Gipfel nur gelegentlich, in der Nacht zuvor hatte es gründlich geschneit.«

Da waren wir – wie unsere Vorgänger auch auf dem Rücken der Pferde – im Mai 1992 besser dran. Wir hatten ideale Voraussetzungen für Filmaufnahmen, und was Alexander von Humboldt und seine Begleiter uns vorgemacht hatten, vollzogen wir an diesem Tag genau nach.

»Auf 4050 Meter liegt die kleine Lagune von Yanacocha, ein kreisrundes Becken. Hier stieg ich vom Maultier und wir marschierten viereinhalb Stunden im Schnee. Die Indios blieben auf nahezu 5000 Metern schließlich auch zurück. Sie versicherten, vor Atemnot sterben zu müssen.«

An der Lagune von Yanacocha bezogen wir unser Basislager, Ausgangspunkt für eine bergsteigerische Erkundung

Alexander von Humboldt und sein Freund, der französische Arzt und Botaniker Aimé Bonpland in der Ebene von Tapia am Fuß des Chimborazo. Gemälde von Friedrich Georg Weitsch, 1810.

in den zwei Tagen danach. Als sich Reinhold Messner sicher war, die Route wirklich rekonstruiert zu haben, brachen wir auf.

Wir verließen nach einer Stunde die Graszone und stiegen dann in den steiler werdenden Moränen empor. Bald setzte Wind ein, der viele Wolken mitbrachte, die uns einholten. Ab und zu konnten wir durch ein Wolkenloch das Basislager sehen: 1400 Meter unter uns kleine rote und silberne Punkte – unserer Zelte. Je höher wir kamen, desto mehr glich sich unser Wetter dem an, das bei Humboldts Besteigungsversuch herrschte. Auch die Höhe wirkte sich auf unseren körperlichen Zustand aus. Wir kamen »ganz schön ins Schnaufen«, wie Reinhold während einer kurzen Rast bemerkte.

Humboldt berichtet seinem Bruder Wilhelm in Berlin: »Ein Zug vulkanischer, schneeloser Berge erleichterte uns das Steigen. Wir kamen auf 3031 Toisen (ca. 5900 Meter) und fühlten die nämliche Beschwerde wie auf der Spitze des

Antisana. Selbst noch ein paar Tage nach unserer Rückkehr in die Ebene blieb es ein Übelbefinden, das wir nur der Wirkung der Luft in jener Höhe zuschreiben konnten. Die uns begleitenden Indianer hatten uns schon früher verlassen und sagten, daß wir sie töten wollten. Dennoch hätten wir unsern Weg bis zu dem Gip-

Umkehrpunkt. Unser Höhenmesser zeigt 5600 Meter an; Humboldts Angaben lagen bei 5900 Meter.

198

fel fortgesetzt, wenn nicht ein zu großer Spalt im Boden uns gehindert hätte. Auch taten wir sehr wohl, umzukehren. Auf unserm Rückwege fiel ein so starker Schnee, daß wir uns kaum sehen konnten. Wir hatten uns gegen die schneidende Kälte dieser hohen Gegend nur wenig geschützt und litten daher unsäglich, vornehmlich ich, der ich noch einen wunden Fuß von einem Fall vor wenigen Tagen hatte, welches mir die größten Schmerzen verursachte, da man auf diesem Wege alle Augenblicke an einen spitzen Stein stieß und nicht vorsichtig genug gehen konnte.

Der kurze Aufenthalt in dieser ungeheuren Höhe, wozu wir uns hinaufgeschwungen hatten, zeigte die traurigsten Schreckbilder. Ein Winternebel umhüllte uns, woraus nur von Zeit zu Zeit die grauenvollsten Abgründe in unserer Nähe hervorschimmerten. Kein beseeltes Wesen, nicht einmal der Kondor, gab der Luft ein Leben. Kleine Moose waren die einzigen organischen Gestalten, die uns erinnerten, daß wir noch der bewohnten Erde angehörten.« Nach vier Stunden Aufstieg in 5600 Meter Höhe – Humboldts Höhenangabe von 5900 Metern ist umstritten – hatten wir nun die Sicherheit: Es war die Stelle, die Humboldt beschrieb. Wir hatten damit auch die Genugtuung, nicht umsonst gearbeitet zu haben.

Auch wir kamen an diesem Tag nicht mehr weiter. Reinhold versuchte es noch allein, kam aber nach wenigen Minuten zurück: »Zu gefährlich – alles vereist und glatt.«

Der Abstieg verlief anders. Er führte uns über lange Schuttberge hinab. Stunde um Stunde.

Die Eisholer vom Chimborazo

Wir hatten immer wieder von ihnen gelesen und gehört – von den legendären Eisholern am Chimborazo.

Kurz bevor wir die Grünzone erreichten, begegneten

wir, völlig überraschend in dieser großen Einsamkeit, den Eisholern leibhaftig: Einem Vater mit seinem kleinen Sohn und sechs Eseln, die auf ihrem Rücken, in *Páramogras* eingehüllt, Eisblöcke nach Riobamba hinunter transportieren. Das ganze Geschehen machte auf uns einen fast unwirklichen Eindruck.

Die Wurzeln dieser im Zeitalter von Kühlschrank und Klimaanlage anachronistischen Tätigkeit reichen wohl auch in den Mythos hinein. Man holt aus dem Inneren des - heiligen *Taita Chimborazo* (»Väterchen Chimborazo« – wie er ehrfurchtsvoll von den Bewohnern rund um den Berg auch heute noch genannt wird) etwas heraus. Etwas, was nachwächst und dem Berg nicht verlorengeht, ihn nicht verletzt, wie wenn man etwa Steine aus ihm herausbrechen würde.

Die Eisholer haben im Laufe der Zeit auch ihre eigenen Trampelpfade ausgetreten, die wie Adern die Berglandschaft durchziehen. Vielleicht waren das die »Wege«, von denen

Eine überraschende Begegnung: die Eisholer vom Chimborazo.

Einheimische Humboldt erzählten.

Wir überredeten Vater und Sohn, einen kleinen Umweg mit ihren Eseln über unser Basislager zu machen. Dort holten wir sie dann auch noch rechtzeitig ein, und Reinhold Messner konnte mit einer kurzen Erzählung vor der Kamera die ganze Geschichte abrunden.

Drei wichtige Erfahrungen und Erinnerungen bleiben für uns nach diesen anstrengenden Tagen:

Reinhold Messner und seine Bergkameraden mit einem Eisesel.

Die Größe und Schönheit des Chimborazo, die Gewalten der Natur, die große Einsamkeit.

Incapirca: Heiligtum am alten Inka-Weg

Vom Chimborazo aus wandte sich Humboldt weiter in südliche Richtung. Der Weg führte ihn über Alausi und Tixan bis Guasuntos. Hier betrat er den Boden der klassischen peruanischen Architektur.

Die Reisegruppe zog entlang des alten Inka-Weges.

In Guasuntos, einem verschlafenen Nest, stand eine Frau am Straßenrand und schlitzte gerade ein Schwein auf, das an einem hölzernen Galgen hing.

Wir bogen ab und fuhren 20 Kilometer ein atemberaubend enges Steiltal hinauf. Viele Kreuze standen am Wegrand. Unser Endpunkt war das Dorf Achupallo. Von hier aus

Humboldt: »Die Festung ist ein umfängliches Oval aus großen Quadern.«

Einblick in den sogenannten Castillo, Herrscherpalast und Sonnentempel in einem.

verläuft die Inka-Straße über Berge und durch Schluchten bis hinab nach Incapirca; zu Fuß braucht man dafür sechs bis acht Stunden.

Auf dieser Straße konnten früher, zur Inka-Zeit, Stafettenläufer aus dem Süden, aus Cuzco, bis nach Quito über eine Entfernung von rund 2000 Kilometer, in wenigen Tagen Botschaften übermitteln.

Alexander von Humboldt notiert: »Man ist voller Staunen über diesen ausgedehnten Straßenbau in einem Reich, dessen Bewohner nicht einmal das Lama bestiegen und wo die großen Herren sich in Sänften tragen ließen. Es hat diese Straße wirklich gegeben, wir sind ihren Resten bis nach Cajamarca gefolgt. Sie ist die

Heerstraße des Inka ge-
wesen; über sie kam und
ging er. Die Überlieferung
weiß von der Schnelligkeit
zu berichten, mit der man
vorangekommen sein soll,
von Inka-Burgen und Her-
bergen in bestimmten Ab-
ständen.

Mörtellos sind die Mauern gefugt.

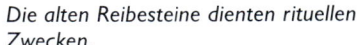

Heute herrscht eine idyl-
lische Ruhe in Achupallo.
Fernab jeder Hektik geht
die Zeit dahin. Junge Frauen
knien am Rand des Baches,
der vom Paß herabkommt
und walken die Wäsche auf
den großen grauen Steinen.
Männer bestellen hoch dro-
ben die steilen Felder und

Die alten Reibesteine dienten rituellen Zwecken.

ringen dem kargen Boden Nahrung ab. Selten kommt jemand vorbei.

In 4200 Meter Höhe führt dieser Teil der Inka-Straße von Guasuntos bis Incapirca über den *Páramo* von Azuay.

Eine ziemlich düstere Gegend; sumpfige Böden, einsam, fast menschenleer, von Wind und Wolken zerzaust. Auch wir kamen selbst nur mit Mühe voran. Vom *Páramo* von Azuay geht es rund 1000 Meter hinab nach Incapirca, der am besten erhaltenen Ruinenstadt der Inkas in Ecuador.

Incapirca heißt zu deutsch »Mauer des Inka«. Der Name ist modern; in der Zeit kurz nach der spanischen Eroberung wurde der Platz Hatun-Cañar genannt. Incapirca hat Humboldt intensiv beschäftigt. Er hat die Anlage vermessen und gezeichnet.

90 Jahre bevor die Spanier hier eintrafen, war Incapirca als Kultzentrum errichtet worden. Die Felder für die Opferfrüchte, die Magazine, die alten Reibesteine, die heute noch herumliegen, geben Zeugnis davon. 1968 begann man hier mit Ausgrabungen.

Aber nicht erst die Inkas siedelten an diesem Platz. 2000 Jahre zuvor gab es hier schon ein Mondheiligtum der Cañari-Kultur, mit Opfersteinen, Säulen und ausgemauerten Vorratsgruben. Priester zelebrierten hier ihre geheimnisvollen Riten.

Diesen alten Cañari-Kult löste der Sonnenkult der Inkas ab. Das war dasselbe wie eine Eroberung durch fremde Herren – noch vor den Spaniern, die dann das Gold der Inkas raubten. Das Land zwischen Riobamba und Incapirca hat eine lange und grausame Geschichte, bis zum heutigen Tag. Wenige Touristen verirren sich hierher. Die Einheimischen bleiben unter sich.

Doch: Sie sind nicht die Ureinwohner dieses Landes. Ihre Vorfahren lebten vor über 500 Jahren noch im heißen Süden, im Tiefland des Amazonas. Als die Inkas im 15. Jahrhun-

Incapirca: Ort der Verehrung der allmächtigen Sonne. – Goldgegenstände aus dem Museum der Zentralbank von Ecuador in Quito.

dert das Königreich Quitu, das heutigen Ecuador, eroberten und es zur Nordprovinz ihres großen Reiches machten, betrieben sie zur Sicherung der Grenzen eine brutale Umsiedlungspolitik. Die Indianer aus dem Urwald wurden in die Kälte und den Schnee verschleppt, die Bewohner des Hochlandes aber mußten im fieberheißen Dschungel vegetieren.

Diese Methode ist also nicht neu.

Die Inkas versuchten mit aller Macht, die eroberten Gebiete zu befestigen. Sie errichteten Verwaltungszentren, den Unterworfenen wurde die Inka-Sprache, das *Quechua,* aufgezwungen – ebenso die Religion. Die Menschen mußten Abgaben aus der Landwirtschaft entrichten.

Aber die Herrschaft der Inka in Ecuador dauerte nicht lange. Ab 1532 kamen die Spanier ins Land. Neue Herren, grausam wie die alten zuvor.

Als wir uns am späten Nachmittag Incapirca näherten, konnten wir von Glück reden, daß wir ungeschoren durchgekommen waren. Am Tag zuvor noch war die *Panamerica-*

Das Basislager.

na, die fast fertiggestellte Transitstrecke durch den Kontinent, teilweise gesperrt, aufgerissen und mit dicken Steinen bedeckt worden. Irgend jemand hatte Baumstämme quer über den Weg gelegt: Die Menschen in diesem Gebiet sind politisch hochsensibilisiert und mucken immer wieder auf. Erst vor fünf Jahren hat es in dieser Region einen großen Aufstand gegeben, der noch nicht vergessen ist.

In Incapirca stellten wir unsere Zelte auf der Wiese vor dem Ruinenfeld auf, zwischen weidenden Lamas.

»Die Festung«, schreibt Alexander von Humboldt, »ist ein umfängliches Oval aus großen Quadern, im Innern mit

Abschied von Incapirca.

Humboldt: »...daß wenigstens versucht werde, was nicht errungen werden kann«.

Erde aufgefüllt; eine Treppe führt auf das Plateau des Ovals, aus dem sich malerisch das Haus des Inka erhebt.«

Dieses Haus des Inka ist der Mittelpunkt des Kultzentrums. Es war seine Wohnung, diente aber auch als Tempel, in dem die allmächtige Sonne verehrt wurde. Heute heißt die Ruine *Castillo;* eine Bezeichnung, wie man sie vielen herausragenden Gebäuden der präkolumbischen Kulturen in Lateinamerika gegeben hat. Aber als »Festung« sind solche Mauern nur in den seltensten Fällen errichtet worden.

Von der oberen Plattform des Bauwerks schweift der Blick über das gesamte Areal auf die Landschaft in der Umgebung. Incapirca liegt 3200 Meter hoch.

Viel Zeit brauchten wir, um mit der Kamera die Stelle zu finden, von der aus Humboldt seine berühmte Zeichnung angefertigt hatte. Auch hier forderte der belebte Wolkenhimmel unsere Geduld aufs Äußerste heraus. Denn wir hatten für die Dreharbeiten an der alten Inka-Straße auf dem *Páramo* von Azuay nur noch den Nachmittag zur Verfügung. Diese Stunden in 4100 Meter Höhe gestalteten sich dann auch unverhofft zu einem Abenteuer.

Wir waren mit unseren beiden Geländewagen am Ende aller Straßen angelangt. Ein paar verstreute Indio-Hütten noch, die wie heimatliche Stützpunkte in einer düsteren und wolkenverhangenen, außerirdisch anmutenden Welt wirkten.

Anderthalb Stunden lang versuchten wir, im Wagen, neben dem Wagen, hinter dem Wagen bis zur *Laguna de culebrillas,* dem »See der kleinen Schlangen«, vorzudringen. Zwei Kilometer vor dem Ziel mußten wir aufgeben. Ein unüberwindbarer Sumpf setzte uns die Grenze. Zudem kamen tiefhängende, schwere Regenwolken von den höhergelegenen Bergen herab.

Incapirca. Hinter dem alten Cañari-Heiligtum erhebt sich das Kultzentrum der Inka.

So hat Humboldt die Festung der Cañari gesehen und zeichnen lassen.

Wir mußten uns augenblicklich zur Umkehr entscheiden. Wenn jetzt ein starker Regen einsetzte – die ersten Tropfen fielen schon – saßen wir für die Nacht fest; an eine Rückkunft nach Plan wäre nicht mehr zu denken gewesen.

Wir nahmen dennoch die Kamera heraus. Arno Scheffler und Klaus Stuhl versuchten, den Augenblick festzuhalten, der sich uns darbot: – Über die steinige Inka-Straße, durch die Wolken kommend, tauchte fast gespenstisch eine kleine Karawane auf. Vorne ein Pferd, darauf vermummt ein Indio, hinter ihm eine gefleckte Kuh, hinter dieser wieder ein Pferd, auf dem Pferd eine Indianerin mit einem Kind auf dem Rücken.

Wir packten eilig ein und kämpften uns eine Stunde lang, mehr schlecht als recht, bis zur ersten Behausung zurück. Dort erreichten wir wenigstens wieder eine Andeutung von Straße, auf der wir einigermaßen vorwärtskamen. Am letzten Abend in Incapirca setzte ein gewaltiger Regen ein. Ich kroch

Dämonenwelt.

Opferstätte für Pachamama.

in mein Zelt – wie die anderen auch, lauschte dem Quaken der Frösche drunten im großen Wasserloch, hörte die Lamas schnaufen, die ein paar Meter vom Zelt entfernt angepflockt waren und wiederkäuten. Die immer wiederkehrende hohle Melodie eines Nachtvogels vermischte sich mit dem lauter werdenden Trommeln der Regentropfen auf der Außenhaut des Zeltes.

Von Incapirca aus zog Humboldt weiter in Richtung Peru, über Cajamarca nach Lima.

Wir verließen in Incapirca die Humboldt-Route und kehrten noch einmal zum Chimborazo zurück.

»Die schöne Dame des Schnee«, wie der Chimborazo aus der Ursprache übersetzt heißt, zeigte sich zum Abschied von ihrer attraktivsten Seite: Ein Schnee- und Eisdom unter einem strahlend blauen Himmel.

Einmal hielten wir kurz am Wegesrand, um uns eine in einem Maisfeld gelegene kleine Opferstätte für die Mutter Erde, für *Pachamama,* anzuschauen: ein großer, halb aufgerichteter Felsblock, in der Höhle darunter ein Gefäß für Schnaps und eine Büchse als Kerzenständer.

Wie so oft in Lateinamerika kann man an einem solchen Ort sehr gut sehen, daß sich das Christentum auch nach 500 Jahren nur wie ein Firnis über die bodenständigen Religionen und Kulte gelegt hat und diese immer wieder zur Oberfläche empordrängen.

Ein Fest zum Abschied

In Totorillas, dem letzten Strohhüttendorf am Chimborazo, feierten die Bewohner mit uns ein Abschiedsfest. Sie tanzten um einen Stab mit bunten Bändern, die die Sonne darstellen sollten. Über die Hügel und Berge der Umgebung kamen ganze Familien in farbenprächtigen Festtagskleidern herbei. Eine Musikkapelle spielte immer wieder dasselbe Lied, Schnaps und *Chicha* flossen in Strömen. Der Tanz der Maskenträger wollte nicht enden.

1802 hatte Humboldt in seinem Reisetagebuch notiert: »Die Indios feiern niemals ein Fest, ohne den Teufel darzustellen und folgen dabei keineswegs christlichen, sondern ihren eigenen sehr ortsgebundenen Ideen.«

Nach etwa zwei Stunden begann der Alkohol seine Wirkung zu zeigen: Die erste Schlägerei zwischen zwei Maskierten fand statt, zur Erheiterung aller Anwesenden. Als aber die beiden Prügelknaben in den Suppentopf einer Familie hineinfielen, die gerade ihr Essen kochte, wurde das Geschrei plötzlich aggressiv und für einen Augenblick entstand eine gespannte Situation.

Nach Stunden zogen schließlich auch die Musiker ermattet zu einem tiefer gelegenen Platz des Dorfes und ergaben

Abschiedsfest in Totorillas.

sich dort der *Chicha*. Das war das allgemeine Zeichen zum Essen. Die »Speisekarte«: *papas* (Kartoffeln) in einer guten Soße, dicke Bohnen *(aywas)* mit Salz, und zur Feier des Tages *cuy* – Meerschweinchen; als Beilage Maiskolben.

Die Rolle des Alkohols bei solchen Fiestas ist zwiespältig. Einmal ist es die pure Sucht, zum anderen ist es ein Ritualvorgang. Es wird solange getrunken, bis der Betrunkene zu Boden fällt und in einem tiefen, bewußtlosen Schlaf in den Armen der *Pachamama* liegt. Dort vereinigt er sich mit den Kräften des Bodens, die Leben und Fruchtbarkeit spenden, er ist eins mit der Mutter Erde, die ihn trägt.

Hier in der Bergeinsamkeit von Totorillas schien an diesem Abschiedstag die Zeit still zu stehen. Die Menschen vergaßen, so kam es uns vor, für ein paar Stunden die rauhe und mühselige Alltagswirklichkeit.

Masken und Tanz verhüllten die dunkle Welt der Dämonen und beschwörten zugleich Faszination und Schrecken in einem.

Alexander von Humboldt. Gemälde von Julius Schrader, 1859.

Rätselhaft und fremd empfand auch Alexander von Humboldt diese Welt.

Wir waren auf der Rückfahrt. Wie bestellt für uns, tauchte an einer Kurve der großen *Panamericana,* Richtung Quito, der Chimborazo noch einmal auf.

»Wer in Europa«, so notiert Alexander von Humboldt, »möchte nicht einen Felsbrocken vom Chimborazo besitzen, und wo gibt es bis heute ein Kabinett, das einen solchen sein eigen nennt? So sind wir die ersten Naturforscher gewesen, die diesen Riesen eigens besucht haben.«

Kurze Zeit später war der Berg wieder im Wolkenmeer unseren Blicken entzogen. Der Chimborazo muß eine magische Kraft auf Alexander von Humboldt ausgeübt haben. Auf dem letzten Porträt von ihm, das im Todesjahr 1859

Ansicht des Chimborazo aus Humboldts Werk »Relation historique du voyage

entstand, ist der Berg zu sehen, im Hintergrund. Humboldt bestand darauf, daß er vor dieser gewaltigen Kulisse abgebildet wurde.

Der Chimborazo war so etwas wie ein geheimes Symbol in Humboldts Leben. In ihm vereinigten sich Faszination und Erkenntnis gleichermaßen. In diesem Berg verdichtete sich der Lebensraum Alexander von Humboldts. Er hat diesen Traum nicht verraten.

aux Régions équinoxiales du Nouveau Continent 1814-1825«.

Dr. Gottfried Kirchner

Jahrgang 1940. Studium der Germanistik, Kunstgeschichte und Archäologie. Dozent an der Universität Mainz, seit 1971 beim ZDF. Zahlreiche Filme über kunst- und kulturhistorische Themen. 1977 und 1978 Journalistenpreis des Deutschen Nationalkomitees für Denkmalschutz. Konzipierte 1981 die Fernsehserie TERRA-X. Seine fünf TERRA-X-Bücher wurden Bestseller.

David Harris

Geboren 1942 in Süd-Australien. Historiker und Autor von neuen Büchern über kulturgeschichtliche Themen. Dozent am Wright College der Universität von New England, Neusüdwales (Australien). Neben zahlreichen Literaturpreisen erhielt er für seine Forschungen nach der verschollenen römischen Siedlung Lijien die Virgiliana-Medaille des Instituto della Enciclopedia Italiana, Rom.

Helga Lippert

Jahrgang 1948. Studium der Germanistik, evangelische Theologie und Publizistik. Seit 1973 beim ZDF, zunächst Redakteurin im ›heute journal‹, seit 1992 in der Hauptabteilung Kultur. »Tod im Schilfmeer« ist ihr fünfter Beitrag für die TERRA-X-Reihe.

Peter Welch

Geboren 1940 in England. Journalist, Drehbuch-Autor und Produzent von Dokumentarfilmen, die sich vornehmlich mit australischen und asiatischen Themen befassen. Für seinen Film »Piraten des Süd-chinesischen Meeres« erhielt er 1987 den UNHCR Humanitarian Media Award. Seine Dokumentation »Die Reise der *Sarimanok*« wurde 1988 auf dem Festival des Abenteuerfilms in La Plagne mit dem Jury-Preis und auf dem 6. Internationalen Festival des Segler-Films in La Rochelle mit dem ersten Preis ausgezeichnet.

Dr. Michael Albus

Geboren 1942 in Bühl/Baden. Studium der Germanistik und Theologie (Promotion in Theologie). Freie Mitarbeit bei Presse und Hörfunk. Seit 1976 beim ZDF – Autor zahlreicher Dokumentationen und Reportagen, darunter die einzige bislang vorhandene Trilogie über die Straßenkinder von Bogo-tá. Seit 1985 Leiter der Hauptredaktion Kinder, Jugend und Familie im ZDF. Buchautor mit Veröffentlichungen zu gesellschafts- und kirchenkritischen Themen.

Rom in der Wüste Gobi

Ban Gu (Pan Ku): Geschichte der frühen Han-Dynastie (Han-shu). Originalhandschrift, Folie S. 16 a. Bejing 58-84 n. Chr.

Boodberg, P.A.: Harvard Journal of Asiatic Studies, Bd. 1, 1936, S. 286-291

Dubs, Homer Hasenpflug: A Roman City in Ancient China. London 1957

Duyvendak, Jan Julius Lodewijk: An illustrated Battle-Account in the History of the Former Han Dynasty, in: T'oung Pao, Nr. 34, 1939, S. 249-264

Giuliani, Luca: Bildnis und Botschaft. Hermeneutische Untersuchungen zur Bildniskunst der römischen Republik. Frankfurt a. M. 1986

Groot, J.J.M. de: Chinesische Urkunden zur Geschichte Asiens, Bd. 1, 1900

Harris, David: Black Horse Odyssey. London 1991

Historical Atlas of China, Bd. 2: Qin Dynasty Period, Western Han und Eastern Hand Dynasties Period, hrsg. von Prof. Tan Qi Xing. Bejing, Cartographic Publishing House, 1976

Stillwell, Richard (Hrsg.): The Princeton Encyclopedia of Classical Sites. Princeton 1976

Treue Abbildungen der Egyptischen, Griechischen und Römischen Alterthümer, 1 te Abteilung: Das römische Kriegswesen. Prag 1819

Tod im Schilfmeer

Albertz, R.: Religionsgeschichte Israels in alttestamentlicher Zeit. Göttingen 1992

Assmann, Jan: Ägypten: Theologie und Frömmigkeit einer früher Hochkultur. Stuttgart 1984

Bietak, Manfred: Tell el-Dab'a II. Wien 1975

Bock, Sebastian: Kleine Geschichte des Volkes Israel. Freiburg im Breisgau 1989

Danin, Avinoam: Desert Vegetation of Israel and Sinai. Jerusalem 1983

Donner, Herbert, Geschichte des Volkes Israel und seiner Nachbarn in Grundzügen. Göttingen 1984

Dröscher, Vitus B.: Und der Wal schleuderte Jona an Land. Die Tierwunder der Bibel naturwissenschaftlich erklärt. Hamburg 1987

Ebers, Georg: Durch Gosen zum Sinai. Leipzig 1881

Freud, Sigmund: Der Mann Moses und die monotheistischen Religionen. Frankfurt am Main 1975

Gerster, Georg: Sinai. Zürich und Freiburg im Breisgau 1970

Görg, Manfred: Beiträge zur Zeitgeschichte der Anfänge Israels. Wiesbaden 1989

Gressmann, Hugo: Mose und seine Zeit. Göttingen 1913

Gutgesell, Manfred: Arbeiter und Pharaonen. Hildesheim 1989

Haag, Herbert: Vom alten zum neuen Pascha. Geschichte und Theologie des Osterfestes. Stuttgart 1971

Henninger, Joseph: Arabia Sacra. Aufsätze zur Religionsgeschichte Arabiens und seiner Randgebiete. Göttingen 1981

Kitchen, K.A.: Pharao Triumphant. The Life and Times of Ramesses II. Cairo 1990

Knauf, Ernst Axel: Midian – Untersuchungen zur Geschichte Palästinas und Nordarabiens am Ende des Jahrtausends v.Chr. Wiesbaden 1988

Lehmann, Johannes: Moses – Der Mann aus Ägypten. Hamburg 1983

Maiberger, Paul: Das Manna. Eine literarische, etymologische und naturkundliche Untersuchung. Wiesbaden 1983

Noerdlinger, Henry: Moses und Ägypten. Los Angeles 1956/57

Oren, Eliezer: The »Ways of Horus« in North Sinai, in: Egypt, Israel, Sinai; Hrsg. Rainey, Anson. Tel Aviv o.J.

Petrie, W.M. Flinders: Researches in Sinai. London 1906

Rothenberg, Beno, Timna. London 1972

Schmid, Herbert: Die Gestalt des Mose. Darmstadt 1986

Schmidt, Werner: Exodus, Sinai und Mose. Darmstadt 1990

Smend, Rudolf: Das Mosebild von Heinrich Ewald bis Martin Noth. Tübingen 1959

Yurco, Frank: 3,200-Year-Old Picture of Israelites Found in Egypt, in: Bilical Archaeology Review (BAR) 16/5 1990, Seite 20-38

Zenger, Erich: Der Gott der Bibel. Stuttgart 1979

Chimborazo

Anhalzer V. Jorge: Ecuador, Tierras Atlas. Quito 1978

Benítez, Lilyan/Garcés, Alicia: Culturas Ecuatorianas, Ayer y Hoy. Quito 1990

Cruz, A. Marco: Die Schneeberge Ecuadors. Quito 1983

Feist, Werner: Alexander von Humboldt 1769-1859, Das Bild seiner Zeit. Wuppertal 1978

Frank, Edmund: Ecuardor. Mai's Weltführer Nr. 22. Frankfurt 1990

Humboldt, Alexander von: Briefe an seinen Bruder Wilhelm. Stuttgart 1880

Humboldt, Alexander von: Die Wiederentdeckung der Neuen Welt. Erstmals zusammengestellt aus dem unvollendeten Reisebericht und den Reisetagebüchern, hrsg. von Paul Kanut Schäfer. München 1992

Humboldt, Alexander von: Kleinere Schriften, Geognostische und physikalische Erinnerungen. Stuttgart und Tübingen 1853

Humboldt, Alexander von: Relation historique du Voyage aux Régions équinoctiales du Nouveau Continent, Neudruck der Ausg. Paris 1814-1825, 3 Bde.. Stuttgart 1970

Humboldt, Alexander von: Ueber einen Versuch, den Gipfel des Chimborazo zu ersteigen (1802), Kleinere Schriften Bd. I. Stuttgart und Tübingen 1853

Humboldt, Alexander von: Vom Orinoko zum Amazonas, Reise in die Äquinoktial-Gegenden des neuen Kontinents. Wiesbaden 1959
Kletke, H.: Alexander von Humboldt in Amerika und Asien. Berlin o.J.
McIntyre, Loren A.: Die amerikanische Reise. Hamburg 1990
Schäfer, Paul K./Simon, Rainer: Die Besteigung des Chimborazo. Köln 1990
Schliessler, Martin: Auf verwehten Spuren. Amerika wird entdeckt. Frankfurt 1984
Strauss, Jürgen: »Welch herrliches Schauspiel bot sich unseren Augen.« Eine Reise durch Südamerika, nach Notizen von Alexander von Humboldt. Klagenfurt 1991

Register